¡SÍ!
Prosperidad

Andrea Monsanto, M.S.

Mindful Wellness Press, Inc.
252 Nassau St.
Princeton, NJ 08540
www.mindfulprinceton.com

ISBN-13:978-0692080047
ISBN-10:069208004X

CreateSpace Independent Publishing Platform
North Charleston, SC

Impreso en los Estados Unidos de América.

Dedicación

Le dedico este libro a mi esposo quien me dio las herramientas necesarias para poder explorar mi propia relación con el dinero y poder escribir este libro. También a mi padre quien continúa siendo el gran misterio de mi vida y a mi padrastro que con su amor y dedicación lleno un gran vacío.

TABLA DE CONTENIDOS

Introducción

Las finanzas son probablemente una de las mayores fuentes de sufrimientos para los seres humanos. Muchas personas mueren por falta de recursos económicos para satisfacer sus necesidades básicas. Sin embargo, las preocupaciones financieras no solo las tienen las personas de bajo ingreso o sin ingresos, sino que afectan a muchos hasta en clases económicas privilegiadas. Los que tienen poco o nada constantemente tienen miedo de su escasez, mientras algunos de los que tienen más les preocupa perder lo que tienen. Por lo tanto, el estrés financiero atormenta a muchas personas con regularidad y los hace impotentes hacia la realización de su potencial y de sus sueños. Cuando la relación con el dinero está fuera de balance, las preocupaciones financieras se pueden acumular hasta el punto de afectar al bienestar físico, mental y emocional del individuo. Sencillamente, una relación poco saludable con el dinero hace difícil tener paz interna y poder disfrutar la vida.

El hecho es que existen suficientes recursos para satisfacer las necesidades básicas de la humanidad. Sin embargo, la desigualdad financiera crea una diferencia caótica en las condiciones de vida en nuestro planeta. Esas diferencias económicas tienen varias explicaciones, pero en este libro nos preocupamos por entender cómo la mentalidad de cada uno juega un papel crucial en sus finanzas. El estrés financiero suele ser autoinfligido debido a las creencias limitantes, emociones negativas, traumas financieros, falta de educación financiera básica y hábitos inadecuados. La salud financiera es un estado mental que no tiene que ver precisamente con el acceso a recursos materiales, sino que es predeterminado por nuestras propias actitudes hacia el dinero y hacia nosotros mismos. Eso explica porque personas de bajos recursos que tienen situaciones económicas inusuales como ganarse la lotería o tener contratos millonarios en deportes, eventualmente terminan en la misma situación financiera en la que empezaron. Lo cual apunta al hecho de que el reto más grande para resolver las preocupaciones financieras que afectan al mundo, es ayudar a las personas a superar su condicionamiento financiero, para transformar su relación con el dinero al nivel más profundo.

Independiente de donde se encuentre en su mundo financiero, si está leyendo este libro es porque probablemente está interesado en tener más abundancia y prosperidad. Usando el poder de los hábitos, usted puede sanar su relación con el dinero y desaprender patrones financieros negativos. Sus hábitos, conscientes o inconscientes, son responsables por su situación actual. De la misma manera, su futuro puede ser alterado cambiando sus hábitos diarios.

Cuando miro mi propia vida, puedo identificar fácilmente un hábito que ha contribuido a mi felicidad actual y que ha sido la inspiración para escribir la primera parte de este libro. Ese hábito es una rutina mañanera que he practicado por más de quince años, la cual ha evolucionado hasta llegar a su forma actual como la hora de la prosperidad. Esta hora de la prosperidad está diseñada no sólo para ayudar a que sus finanzas fluyan, sino también para ayudarle a alcanzar un estado de paz interna y unidad con el prójimo. Esta rutina repetida todas las mañanas crea una estructura en la cual otros buenos hábitos pueden ser creados para obtener resultados rápidos. La rutina sugerida en este libro consiste en varias prácticas seleccionadas cuidadosamente para trabajar en diferentes áreas de su vida y tienen un efecto de aceleración de su desarrollo personal. Como resultado, usted podrá desbloquearse internamente para ser más productivo, descubrir sus talentos y explorar su potencial. Lo animo a que ponga en práctica esta rutina por un mes y le garantizo que verá resultados.

La segunda parte de este libro es la parte teórica en la cual usted puede tener un mejor entendimiento de los siete factores que pueden transformar sus finanzas. Vale la pena aclarar que la meta de este libro no es precisamente que usted sepa cómo hacerse rico, sino que pueda alcanzar paz financiera, lo cual es clave para ser realmente próspero. Obtener más abundancia en un contexto de paz interna, claridad mental y compromiso social, hará que su dinero se convierta en una parte clave de la evolución de su conciencia.

PARTE I

La Hora de la Prosperidad

La siguiente guía pone en práctica la mayoría de los principios necesarios para entrar en un estado de abundancia y prosperidad. Es muy importante desarrollar la autodisciplina necesaria para hacer este ejercicio diariamente y poder experimentar la transformación interna y abundancia a la cual conlleva. Es recomendable levantarse una hora más temprano de lo usual y hacer este ejercicio antes de empezar su rutina diaria. También es sugerido entrar en 30 minutos de oración y silencio interno antes de acostarse.

1) **Gratitud. 5 minutos**

2) **Peticiones (Visualización). 5 minutos**

3) **Realineación. 5 minutos**

4) **Lectura. 10 minutos**

5) **Silencio Interno. 20 minutos**

6) **Resoluciones. 5 minutos**

7) **Manejo de Tiempo. 10 minutos**

GRATITUD- (5 Minutos)

"Den gracias en todo, porque ésta es la voluntad de Dios para ustedes en Cristo Jesús." 1 Tesalonicenses 5:18

La gratitud es un componente esencial para entrar en un estado mental de abundancia y prosperidad. Esta nos ayuda a enfocarnos en todas las bendiciones que ya hemos recibido de Dios. De esa manera podemos empezar a romper el hábito de la negatividad y de pensar en lo que no tenemos, lo cual conlleva a una mentalidad de escasez. La gratitud también nos ayuda a entrar en un estado de amor y reverencia hacia nuestro Padre Celestial, El cual hace que nuestras bendiciones se multipliquen. Es recomendable a través del día decir mentalmente: "Dios mío te doy gracias por..." y completar esa frase con todas las cosas que vengan a su mente.

De gracias a Dios con intensidad por su vida, por su salud y por cada parte de su cuerpo. También de gracias por las cosas que ha alcanzado en el pasado, que está alcanzando en el presente y que alcanzará en el futuro. De gracias a Dios hasta por sus dificultades, ya que estas siempre tienen una lección para enseñarle.

PETICIONES (Visualización)- (5 minutos)

> "Por nada estéis afanosos, sino sean conocidas vuestras peticiones delante de Dios en toda oración y súplica, con acción de gracias. Y la paz de Dios, que sobrepasa todo entendimiento, guardará vuestros corazones y vuestras mentes en Cristo Jesús." Filipenses 4:6-7
>
> "Y todas las cosas que pidan en oración, creyendo, las recibirán". San Mateo 21:22

La facultad de la imaginación está en su máxima expresión en la niñez. A los 35 años, el hábito de soñar está prácticamente perdido. En cambio, usamos nuestra imaginación inconscientemente para entrar en preocupación y ansiedad acerca del futuro. Recobrar el hábito de soñar es importante para poder alcanzar abundancia y prosperidad.

Cuando decidimos qué peticiones hacer en cada área de la vida y llenamos nuestra mente de imágenes visuales, entonces empezamos también a usar el gran poder de la intención y desarrollamos claridad mental en cuanto a lo que deseamos. La imaginación también nos ayuda a ver en nuestra mente la realización de nuestras metas, lo cual ayuda a intensificar nuestra fe. Esta es un componente crucial para poder dejar que Dios manifieste libremente milagros en nuestra vida.

¡El hábito de convertir peticiones en declaraciones nos ayuda no solamente a impregnar nuestra mente con las semillas de la fe, sino que también nos ayuda a habitar en un estado mental de abundancia y prosperidad desde antes de que sea una realidad en nuestra vida! Eso nos provee la motivación que necesitamos para tomar acción en los pasos necesarios para el éxito.

Aunque nuestras peticiones sean hechas en un contexto de fe, es importante aceptar la voluntad de Dios en nuestras vidas. Hay que ser flexibles, tener paciencia y pedir que nuestras peticiones sean concedidas sólo si son para el bien de nuestro espíritu.

Escriba diariamente sus 10-15 peticiones más importantes, imagine que ya se le han concedido y llene su corazón de un intenso sentimiento de gratitud ante Dios. Convierta sus peticiones en declaraciones que asumen que lo que ha pedido ya se ha hecho realidad, empezando cada petición con "Yo…" Por ejemplo: Yo estoy libre de deudas en diciembre. Haga por lo menos una petición en cada área de su vida. (Espiritual, personal, profesional, salud, familia, finanzas y social)

REALINEACIÓN ESPIRITUAL- (5 minutos)

> "Todo lo puedo en Cristo que me fortalece" Filipenses 4:13.

Nuestra mente está llena de mentiras que aceptamos como verdades. El sufrimiento muchas veces nos hace dudar de nuestra capacidad de tener paz interna, abundancia y prosperidad. Las siguientes 12 palabras nos ayudan a transcender las limitaciones de nuestra mente y entrar en la verdad de Dios.

Las 12 Palabras (Realineación Espiritual)

Aceptación. Estamos dispuestos a sentir y aceptar el dolor de nuestro sufrimiento.

Humildad. Somos humildes para reconocer que necesitamos ayuda.

Rendirse. Nos rendimos ante el peso de nuestras cargas.

Presencia. Reconocemos que Dios habita en nosotros y está dispuesto a ayudarnos a todo momento.

Solución. No importa que tan grandes sean nuestros problemas, sabemos que con Dios siempre hay una solución.

Fe. Tenemos fe en que si pedimos ayuda la recibiremos. Persistimos en nuestra fe hasta en los momentos más difíciles.

Soltar. Estamos dispuestos a abandonar hábitos inadecuados y abrirnos a una nueva vida.

Permitir. Resistimos la tendencia a resolver los problemas de acuerdo con nuestros pensamientos y dejamos que Dios actúe libremente en nuestra vida.

Serenidad. Tomamos la decisión de soltar nuestras cargas y suavemente vivimos nuestra vida un día a la vez.

Guía. A través de la oración y el silencio interno, nos comunicamos con Dios y le pedimos que su voluntad sea revelada claramente.

Obediencia. Pedimos por la capacidad de llevar a cabo la guía que Dios nos dé. Entendemos que, aunque nuestras cargas están siendo levantadas, debemos hacer nuestra parte.

Dependencia. Aprendemos a depender de Dios y a darle tiempo a que el plan Divino de nuestra vida sea llevado a cabo. Pedimos con todas las fuerzas de nuestro corazón poder alcanzar nuestro Destino Divino.

LECTURA (10 Minutos)

> "Toda la Escritura es inspirada por Dios, y útil para enseñar, para redargüir, para corregir, para instruir en justicia, a fin de que el hombre de Dios sea perfecto, enteramente preparado para toda buena obra." 2 Timoteo 3:16-17

Lea algo que lo inspire y lo motive a empezar su día de una manera positiva. La lectura de la palabra de Dios en relación con la abundancia y prosperidad nos ayuda a disolver las mentiras/creencias limitantes en relación con el dinero. La repetición de las lecturas bíblicas acerca del dinero nos ayuda a que estas se mantengan frescas en nuestra mente.

Hacer las siguientes lecturas y mínimo dos páginas del nuevo testamento.

La Biblia y las Finanzas

"El Señor es mi pastor, nada me falta; en verdes pastos me hace descansar. Junto a tranquilas aguas me conduce; me infunde nuevas fuerzas. Me guía por sendas de justicia por amor a su nombre. Aún si voy por valles tenebrosos, no temo peligro alguno porque tú estás a mi lado; tu vara de pastor me reconforta. Dispones ante mí un banquete en presencia de mis enemigos. Has ungido con perfume mi cabeza; has llenado mi copa a rebosar. La bondad y el amor me seguirán todos los días de mi vida; y en la casa de Él habitaré para siempre." Salmo 23.

"Amado, ruego que seas prosperado en todo, así como prospera tu alma, y que tengas buena salud." 3 Juan 1:2

"Los leoncillos pasan necesidad y tienen hambre, más los que buscan al Señor no carecerán de bien alguno." Salmo 34:10

"Y será que, si oyeres diligente la voz del Señor tu Dios, para guardar, para poner por obra todos sus mandamientos que yo te mando hoy, también el Señor tu Dios te pondrá alto sobre todos los gentiles de la tierra; y vendrán sobre ti todas estas bendiciones, y te alcanzarán, cuando oyeres la voz del Señor tu Dios. Bendito serás tú en la ciudad, y bendito tú en el campo. Bendito el fruto de tu vientre, y el fruto de tu tierra, y el fruto de tu bestia; la cría de tus vacas, y los rebaños de tus ovejas. Bendito tu canastillo y tus sobras. Bendito serás en tu entrar, y bendito en tu salir. Entregará el Señor tus enemigos, que se levantaren contra ti, heridos delante ti; por un camino saldrán a ti, y por siete caminos huirán delante de ti. Enviará el Señor contigo la bendición en tus graneros, y en todo aquello en que pusieres tu mano; y te bendecirá en la tierra que el Señor tu Dios te da." Deuteronomio 28: 1-8

"Y te hará el Señor que te sobre el bien, en el fruto de tu vientre, y en el fruto de tu bestia, y en el fruto de tu tierra, sobre la tierra que juró el Señor a tus padres que te había de dar. Te abrirá el Señor su buen depósito, el cielo, para dar lluvia a tu tierra en su tiempo, y para bendecir toda obra de tus manos. Y prestarás a muchos gentiles, y tú no tomarás prestado. Y te pondrá el Señor por cabeza, y no por cola; y estarás encima solamente, y no estarás debajo; cuando escuchares a los mandamientos del Señor tu Dios, que yo te mando hoy, para que los guardes y cumplas." Deuteronomio 28: 11-13

"Dad, y os será dado; medida buena, apretada, remecida y rebosante, vaciarán en vuestro regazo. Porque con la medida con que midáis, se os volverá a medir." Lucas 6:38

"Traed todo el diezmo al alfolí, para que haya alimento en mi casa; y ponedme ahora a prueba en esto —dice el Señor de los ejércitos— si no os abriré las ventanas del cielo, y derramaré para vosotros bendición hasta que sobreabunde." Malaquías 3:10-12

"Pero esto digo: El que siembra escasamente, escasamente también segará; y el que siembra abundantemente, abundantemente también segará." 2 Corintios 9:6-8

"Nunca se apartará de tu boca este libro de la ley, sino que de día y de noche meditarás en él, para que guardes y hagas conforme a todo lo que en él está escrito; porque entonces harás prosperar tu camino, y todo te saldrá bien." Josué 1:8

"El hombre bueno deja herencia a los hijos de sus hijos, pero la riqueza del pecador está reservada para el justo." Proverbios 13:22

"No sea que digas en tu corazón: "Mi poder y la fuerza de mi mano me han producido esta riqueza. Mas acuérdate del Señor tu Dios, porque Él es el que te da poder para hacer riquezas, a fin de confirmar su pacto, el cual juró a tus padres como en este día." Deuteronomio 8:17

"Por tanto, no os preocupéis, diciendo: "¿Qué comeremos?" o "¿Qué beberemos?" o "¿Con qué nos vestiremos?" Porque los gentiles buscan ansiosamente todas estas cosas; que vuestro Padre celestial sabe que necesitáis de todas estas cosas. Pero buscad primero su reino y su justicia, y todas estas cosas os serán añadidas. Por tanto, no os preocupéis por el día de mañana; porque el día de mañana se cuidará de sí mismo. Bástele a cada día sus propios problemas." Mateo 6:31-34

"Y mi Dios proveerá a todas vuestras necesidades, conforme a sus riquezas en gloria en Cristo Jesús." Filipenses 4:19

"Porque yo sé los planes que tengo para vosotros" —declara el Señor—"Planes de bienestar y no de calamidad, para daros un futuro y una esperanza. Me invocaréis, y vendréis a rogarme, y yo os escucharé. Me buscaréis y me encontraréis, cuando me busquéis de todo corazón. Me dejaré hallar de vosotros" —declara el Señor—"Y restauraré vuestro bienestar y os reuniré de todas las naciones y de todos los lugares adonde os expulsé" —declara el Señor—"Y os traeré de nuevo al lugar de donde os envié al destierro." Jeremías 29:11-14

"Yo ando por el camino de la justicia, por en medio de las sendas del derecho, para otorgar heredad a los que me aman y así llenar sus tesoros." Proverbios 8:21

"...sino que en la ley del Señor está su deleite, ¡y en su ley medita de día y de noche! Será como árbol firmemente plantado junto a corrientes de agua, que da su fruto a su tiempo, y su hoja no se marchita; en todo lo que hace, prospera." Salmo 1:2-3

"Honra al Señor con tus bienes y con las primicias de todos tus frutos; entonces tus graneros se llenarán con abundancia y tus lagares rebosarán de vino nuevo." Proverbios 3:10

"La bendición del Señor es la que enriquece, y El no añade tristeza con ella." Proverbios 10:22

"¿No te lo he ordenado yo? ¡Sé fuerte y valiente! No temas ni te acobardes, porque el Señor tu Dios estará contigo dondequiera que vayas." Josué 1:9

"Así pues, todo el diezmo de la tierra, de la semilla de la tierra o del fruto del árbol, es del Señor; es cosa consagrada al Señor." Levítico 27:30

"Hay quien reparte, y le es añadido más, y hay quien retiene lo que es justo, sólo para venir a menos. El alma generosa será prosperada, y el que riega será también regado." Proverbios 11:24-25

"Diezmarás fielmente todo el producto de tu sementera, lo que rinde tu campo cada año." Deuteronomio 14:22

"Porque todo el que pide, recibe; y el que busca, halla; y al que llama, se le abrirá". Mateo 7:8

"Y todas las cosas que pidan en oración, creyendo, las recibirán." San Mateo 21:22

"Y si el Espíritu de aquel que levantó de los muertos a Jesús mora en vosotros, el que levantó de los muertos a Cristo Jesús vivificará también vuestros cuerpos mortales por su Espíritu que mora en vosotros." Romanos 8:11

"En verdad, en verdad os digo: el que cree en mí, las obras que yo hago, él las hará también; y aún mayores que éstas hará, porque yo voy al Padre". Juan 14:12

"Un mandamiento nuevo os doy: Que os améis unos a otros; como yo os he amado." Juan 13:34

"Más buscad primeramente el reino de Dios y su justicia, y todas estas cosas os serán añadidas." Mateo 6:33

"Ustedes no me escogieron a Mí, sino que Yo los escogí a ustedes, y los designé para que vayan y den fruto, y que su fruto permanezca; para que todo lo que pidan al Padre en Mi nombre se lo conceda." Juan 15:16

"Deléitate a ti mismo en el Señor, y Él te concederá las peticiones de tu corazón". Salmo 37:4

El Credo del Optimista (Por Christian D. Larson)

Me prometo a mí mismo:

> ➤ Ser tan fuerte, que nada pueda perturbar mi paz interior.

> ➤ Hablar de salud, felicidad y prosperidad a toda persona con la que me relacione.

> ➤ Hacer sentir a mis amigos, que hay algo valioso en cada uno de ellos.

> ➤ Mirar el lado positivo de las cosas y hacer de mi optimismo una realidad.

> ➤ Pensar sólo lo mejor, trabajar por lo mejor y esperar únicamente lo mejor.

> ➤ Estar tan entusiasmado con el éxito de los demás, como lo estoy con el propio.

> ➤ Olvidar los errores del pasado y avanzar hacia los grandes logros del futuro.

> ➤ Verme siempre alegre y regalarle una sonrisa a todos aquellos que encuentre en mi camino.

> ➤ Dedicar tanto tiempo a desarrollarme como persona, que no me dé tiempo de criticar a los demás.

> ➤ Ser tan grandioso como para tener que preocuparme, tan fuerte como para atemorizarme y tan feliz como para permitir la presencia de conflictos.

> ➤ Pensar bien de mí mismo y hacérselo saber al mundo, no con mis palabras, sino con mis grandes acciones.

> ➤ Tener la certeza de que el mundo entero está de mi lado como consecuencia de serle fiel a lo mejor que hay en mí.

SILENCIO INTERNO (20 Minutos)

> "Estad quietos y conoced que yo soy Dios". Salmos 46:10
>
> "Guarda silencio ante el Señor y espera en El con paciencia". Salmo 37:7

Una de las prácticas espirituales más poderosas es entrar en comunión con Dios a través de la quietud y el silencio interno. Si la oración es el medio por el cual hablamos con nuestro Padre Celestial, el silencio interno es el medio por el cual aclaramos nuestra mente para aprender a escuchar a Dios y sentir su presencia Divina en nuestro corazón.

(Oración preliminar)

Dios mío en este día te pido que me concedas abundancia y prosperidad. Sé que tú eres el dueño del mundo y todo lo que hay en él. Te reconozco como mi Dios y Salvador. Sé que fui hecho a tu imagen y semejanza y que habitas dentro de mí. Sé que contigo todo lo puedo. Te pido con toda mi fe que purifiques mi mente y corazón de todo lo que pueda detener tus bendiciones en mi vida. Pido perdón por mis ofensas y perdono a todos los que me han ofendido. Doy gracias porque has escuchado esta oración y si es para el bien de mi espíritu, ya me ha concedido lo que te he pedido. Declaro firmemente un estado de paz, abundancia y unidad con el prójimo.

Ejercicio de Prosperidad

1. Siéntese en una posición vertical cómoda.

2. Enfoque su atención en un punto, respire profundo y permita que su atención se expanda como una luz que brilla al infinito.

3. Simultáneamente, sostenga un billete en su mano y *sienta* gratitud intensa ante Dios por sus recursos económicos por limitados que sean.

4. Observe cómo reacciona su cuerpo poniendo atención a todas las sensaciones que experimente por leves que sean.

5. Si siente una sensación incómoda, acéptela amorosamente, pídale al Espíritu Santo que le revele que hay detrás de esa sensación y como se puede sentir mejor.

6. Descanse en quietud y silencio poniendo atención al lenguaje de sus emociones que está escrito en su cuerpo por medio de todas las sensaciones sutiles que experimenta.

RESOLUCIONES

➢ **Vivir en función de amar a Dios y al prójimo como a sí mismo(a).** Nuestra mente no observada tiende a hacernos a nosotros mismos el centro del universo. Nos enfocamos constantemente en nuestros miedos, recuerdos y limitaciones. Guiar nuestra mente y corazón suavemente a conectarse con Dios, nos permite entonces compartir ese amor con nuestros semejantes.

➢ **Vivir un día a la vez.** Gran parte de nuestro sufrimiento viene de constantemente pensar en el pasado y en el futuro. Aprender a vivir un día a la vez, estar anclados en el presente y trabajar en construir nuestra vida día a día en obediencia a Dios, nos llena de su calma y su poder. También es importante aceptar completamente las dificultades que estemos atravesando y ponerlo todo en las manos de Dios, mientras nos comprometemos a tomar acción

➢ **Tener un estado mental de silencio interno para estar despiertos y vigilar la mente.** Aprender a cultivar silencio interno nos ayuda a reconocer la voz de Dios y a cuidar nuestra mente y corazón de pensamientos que nos debilitan.

➢ **Estar consciente de la autocrítica destructiva, retarla y pararla inmediatamente.** No amarnos ni respetarnos a nosotros mismos es un pecado hacia Dios que habita en nuestro corazón. El amor propio es la clave para sentirnos merecedores de las bendiciones de Dios y limpiar el camino para poder recibir todas las bendiciones que Dios desea darnos como hijos suyos.

➢ **Habitar en un estado mental de gratitud y dar gracias por todas sus bendiciones.** Una actitud de gratitud es agradable a nuestro Dios y ayuda a que nuestra vida fluya más tranquilamente.

➢ **Dar gracias a Dios por lo que gana y gasta.** Un estado de escasez puede resultar en un estado de angustia e inconformidad. Convertir la inconformidad con su ingreso y gastos, en gratitud hacia Dios, hace que su relación con el dinero se transforme gradualmente.

➢ **Ser organizado(a) con las finanzas.** Dios es un Dios de orden. Por lo tanto, si queremos ser dignos de recibir más abundancia, debemos demostrarle a Dios que sabemos administrar los que ya nos dio.

➢ **Compartir sus recursos económicos.** Dios es claro en cuanto a la importancia de compartir nuestros recursos financieros. Por lo tanto, es necesario desarrollar el hábito de la generosidad.

➢ **Hacer la hora de la abundancia todos los días.** Alcanzar un estado total de obediencia y conexión con Dios son componentes esenciales para poder alcanzar todas las bendiciones que Dios nos quiere dar. Desarrollar esa relación estrecha con Dios requiere una gran disciplina y devoción, y Dios en cambio nos colma de cosas buenas.

MANEJO DE TIEMPO (10 Minutos)

"Ayúdanos a contar bien nuestros días para que nuestro corazón adquiera sabiduría". Salmo 90:12

Saber valorar nuestro tiempo es un ingrediente básico en alcanzar el éxito. Vivir en obediencia requiere que llevemos acabo los designios de Dios y planear cuidadosamente aumenta nuestra efectividad.

Entre en conexión con el Espíritu Santo y pídale que le ayude a planear su día de una manera efectiva. Haga una lista de todo lo que venga a su mente. Revise la lista y póngala en orden de prioridades. Decida tomar acción inmediatamente en lo planeado y guíe su día en base a la lista que hizo. Es importante que, durante el día, escuche libros que le ayuden con su crecimiento personal y/o espiritual. Estos libros auditivos se encuentran gratis en YouTube.

PARTE II

Los 7 Pasos de la Prosperidad

Cómo Transformar su Relación con el Dinero.

Si le preguntáramos a las personas promedio si quieren abundancia y prosperidad, podemos asumir con certeza que la gran mayoría contestarían que sí. Sin embargo, miles de personas que cuentan con las condiciones propicias para alcanzar dichos ideales, nunca los logran. La razón principal para que exista esta disparidad entre lo que deseamos y lo que podemos lograr, es la naturaleza de la mente. El consciente es responsable de aproximadamente 10% de la mente y dice "Si" a la abundancia y prosperidad. Sin embargo, el subconsciente que es aproximadamente el 90% de la mente dice "No". El subconsciente tiene dominio sobre la mente y es el que determina sus resultados. Por lo tanto, si el subconsciente dice "No", el resultado es negativo. Por lo contrario, si su subconsciente y consciente dicen "Si" a la abundancia, entonces usted estará mentalmente equipado para alcanzarla.

Consciente	Sub-consciente	Resulta
Si	No	No
Si	Si	¡SI!

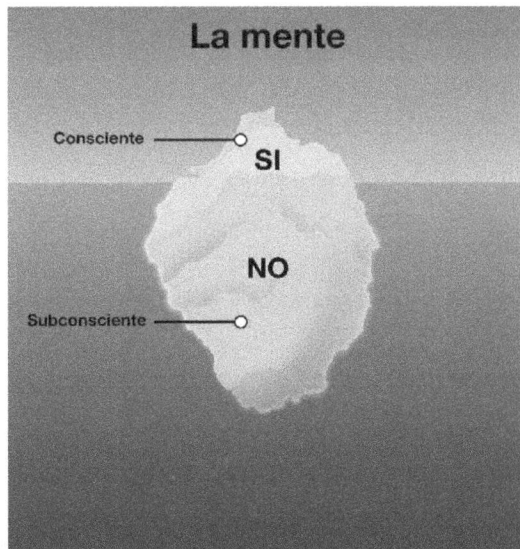

Si el subconsciente es el que determina sus logros, entonces es importante entender los factores que inconscientemente afectan su capacidad de tener abundancia y prosperidad.

Dichos factores son:

- Carencia de visión

- Creencias limitantes

- Emociones estancadas

- Traumas del pasado

- Ataduras generacionales

- Hábitos inadecuados

Todas estas barreras internas resultan en sufrimiento y pobreza. La manera de transformar su relación con el dinero es, lograr congruencia entre el consciente y el subconsciente. Cuando usted logra vencer las barreras internas, entonces puede experimentar un estado natural de paz interna, abundancia y unidad. Así encontrará el reino de Dios en su propio mundo interno.

> "Porque he aquí el reino de Dios entre vosotros está". Lucas 17:21

Los 7 Pasos

Los siete pasos de la abundancia están diseñados para transformar su relación con usted mismo(a), con el dinero y con el prójimo. Su aplicación requiere autodisciplina y dedicación, pero los resultados son trascendentales. Los siete pasos son:

1 - Crear una visión empoderadora de la vida de sus sueños.

> "Porque todo el que pide, recibe; y el que busca, halla; y al que llama, se le abrirá". Mateo 7:8

2 - Aclarar su mente de creencias limitantes.

> "...la verdad os hará libres". Juan 8:31

3. Purificar sus emociones.

> "Porque del corazón provienen malos pensamientos, homicidios, adulterios, fornicaciones, robos, falsos testimonios y calumnias" Mateo 15:19

4. Liberarse de su pasado.

> "De cierto te digo, que el que no naciere de agua y del Espíritu, no puede entrar en el reino de Dios" Nicodemo 3:5

5. Desarrollar metas que estén alineadas con su destino divino.

> "Porque yo sé muy bien los planes que tengo para ustedes —afirma el Señor— planes de bienestar y no de calamidad, a fin de darles un futuro y una esperanza." Jeremías 29:11

6. Organizar sus finanzas.

> "Porque, ¿quién de vosotros, deseando edificar una torre, no se sienta primero y calcula el costo, para ver si tiene lo suficiente para terminarla?" Lucas 14:28

7. Descubrir un profundo sentido de unidad.

> "Les doy un mandamiento nuevo: Ámense unos a otros; como yo los he amado, así también ámense los unos a los otros. El amor mutuo entre ustedes será el distintivo por el que todo el mundo los reconocerá como discípulos míos." Juan 13:34-35.

I- CREAR UNA VISION EMPODERADORA DE LA VIDA DE SUS SUEÑOS.

"Y todas las cosas que pidan en oración, creyendo, las recibirán." San Mateo 21:22

Si usted recuerda cuando era niño, tenía muchos sueños relacionados con su futuro. Tal vez quería ser astronauta, doctor o policía. Cuando fuera grande iba a comprarse un carro de lujo o hasta un avión. Se imaginaba con facilidad su mundo ideal.

Aprender a imaginar vívidamente es parte esencial para que usted pueda alcanzar sus más grandes sueños. Esto se debe a que los pensamientos tienen poder creativo y su realidad es el resultado de sus pensamientos. Por lo tanto, si quiere cambiar su realidad, es necesario cambiar sus pensamientos. Visualizar le permite ir más allá de su realidad inmediata, para poder crear una nueva realidad, ya que ésta activa el poder de su mente para crear lo que se desea.

Es importante orar a Dios para que guíe su visualización y así lo que usted visualice, esté en congruencia con los planes de Dios para su vida. Esto implica que, aunque usted tenga una visión de lo que quiere, debe ser flexible a que se haga la voluntad de Dios en su vida.

Los siete elementos necesarios para visualizar efectivamente.

1) **Claridad:** es necesario tener una visión clara de lo que usted desea alcanzar en las diferentes facetas de su vida para alcanzar un balance y no descuidar ninguna de las áreas que necesita para ser feliz. Las diferentes áreas de su vida son:

Espiritual

Personal

Salud

Familiar/social

Profesional

Finanzas

Entretenimiento

2) **Propósito:** Es muy importante saber qué quiere alcanzar, pero es aún más importante entender el porqué de su meta. Si se pregunta varias veces por qué quiere alcanzar cada una de sus metas, es posible encontrar a un nivel profundo los verdaderos deseos de su corazón. Basado en los resultados de esta auto indagación usted puede decidir si dichas metas son en realidad lo que quiere o necesita hacer ajustes. Por ejemplo: mi más grande deseo es tener un ingreso más alto. ¿Por qué? Porque deseo tener más tiempo para dedicarle a mi familia. ¿Por qué?

Porque disfruto la compañía de ellos. ¿Por qué? Porque me siento como un buen padre/madre cuanto le dedico tiempo a mis hijos. ¿Por qué? Porque sé que el tiempo de calidad que gasto con mis hijos va a tener un gran impacto en sus vidas. En este ejemplo, un ingreso más alto no es lo que esta persona más desea, sino tener más tiempo para dedicarle a su familia. Lo cual implica que un ingreso más alto, que requiera más inversión de tiempo, sería contradictorio para los deseos más profundos de esta persona. Esta persona necesita clarificar la motivación de sus metas.

3) **Emoción:** las metas deben despertar entusiasmo. Es importante que haga una lista de todas las emociones que anticipa sentir al alcanzar su meta.

4) **Vivacidad:** imagine vívidamente que la meta ha sido alcanzada. Tenga una imagen visual clara. Use fotos que le ayuden a imaginar la realización de su meta. Las imágenes mentales juegan un gran papel en su habilidad de manifestar sus sueños.

5) **Gratitud:** después de imaginar la realización de la meta, de gracias adelantadas a Dios por haberla alcanzado. Así convertirá su visualización en una oración y ayudará a eliminar sus dudas.

6) **Repetición:** cree un escrito en el cual describa brevemente sus metas principales, escoja fotos que representen su realización, anote las emociones que anticipa sentir al lograrlas y las razones por las cuales las quiere alcanzar. Por lo menos una vez al día revise este escrito y anote sus metas como fue mencionado en la primera parte de este libro.

7) **Soltar la meta:** descanse en un suave sentimiento de gratitud y espere pacientemente a que su oración/visualización se convierta en realidad.

Es claro que visualizar sus sueños es sólo una parte del proceso de hacerlos realidad. Más adelante, explicaré otros pasos esenciales para que usted pueda superar los obstáculos que se interponen entre usted y sus metas.

II- ACLARAR SU MENTE DE CREENCIAS LIMITANTES.

"Estad quietos, y sabed que yo soy Dios". Salmos 46:10

"Guarda silencio ante el Señor, y espera en El con paciencia" Salmo 37:7

¿El dinero es bueno o malo? La respuesta es que el dinero no es bueno ni tampoco es malo. Un cuchillo puede ser usado para cocinar para los pobres o también puede ser usado como un arma para matar. Ni el cuchillo ni el dinero son buenos o malos. Estos son instrumentos que pueden ser usados para hacer el bien o el mal. Tener ideas limitantes que le dicen que el dinero es malo es destructivo para su relación con sus recursos económicos.

Las creencias limitantes son mentiras silenciosas que dominan su vida sin que usted se dé cuenta. Entre más desarrolle la capacidad de proteger su mente de esta tendencia autodestructiva, más fácil fluirá su vida. Es importante cultivar un estado mental de silencio interno, que le permita estar más despierto a cada momento. Este estado de silencio interno ayuda a que su cerebro funciones más efectivamente, ya que apoya la función de los dos hemisferios del cerebro, sin permitir que la sobreactividad del cerebro izquierdo, suprima el funcionamiento óptimo del derecho. Aprender a desarrollar un estado de silencio interno es una de las responsabilidades más grandes que tenemos hacia nosotros mismos.

Funciones del hemisferio izquierdo del cerebro

Ciencia y matemáticas
Pensamiento analítico
Razonamiento
Lenguaje
Números
Escritura
Lógica

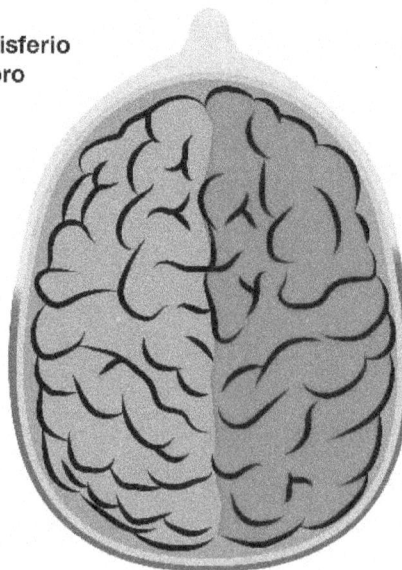

Funciones del hemisferio derecho del cerebro

Sentido espacial y percepción tridimensional
Control de la mano izquierda
Pensamiento holístico
Consciencia artística
Consciencia musical
Imaginación
Perspicacia
Creatividad
Intuición

Alcanzar un estado de silencio interno requiere que usted desarrolle disciplina mental.

Cultive silencio interno

Para poder vencer las creencias limitantes de la manera más rápida posible, es necesario disciplinar la mente y romper el hábito del "cuchicheo" mental que mantiene sus limitaciones activas. Esta tendencia hace que su atención se mantenga atrapada dentro de usted mismo en vez de estar abierto y receptivo a su mundo exterior.

El cultivar facultades superiores de su mente le permitirá transformar su mundo interno de la manera más rápida posible. Las siguientes instrucciones explican cómo silenciar la mente:

1) Asuma una postura recta y expansiva.

2) Suavemente expanda su atención para que su presencia irradie hacia el mundo exterior.

3) Conéctese con lo que el cuerpo siente para que su sistema nervioso pueda deshacerse de bloqueos internos.

4) Desarrolle una actitud constante de gratitud y amor, hacia sí mismo, los demás y hacia la vida en general.

Silenciar la mente no sólo le ayuda a debilitar las creencias limitantes, sino que también le ayuda a estar conectado con sus emociones. Más adelante entraré en más detalles en cuanto a las instrucciones anteriores.

Vigile su mente

Poder vencer sus creencias limitantes requiere que usted pueda descubrir cuales son. La práctica del silencio interno le va a permitir identificar más fácilmente dichas limitaciones. Las preguntas tienen poder y preguntarse a sí mismo qué creencias limitantes están operando en su vida, es una manera efectiva de poder explorar el contenido de su propia mente.

Cuando pueda identificar las creencias que lo limitan es importante recordar que estas creencias son mentiras que usted no debe creer acerca de usted mismo. Al contrario, hay que retarlas con la verdad cada vez que estos pensamientos lleguen a su mente. De esa manera, poco a poco, las frecuencias de dichos pensamientos disminuyen hasta desaparecer completamente.

No puedo ⇨ Si puedo.

No me lo merezco ⇨ Si me lo merezco.

Estoy muy viejo(a) ⇨ Nunca es tarde.

Además de vigilar su mente de creencias limitantes, también es importante estar consciente de actitudes, palabras y expresiones que limiten su capacidad de ser abundante y próspero. Usar afirmaciones empoderadoras que remplacen las creencias limitantes, es una manera efectiva de debilitar patrones mentales negativos.

Autoaceptación

El proceso de vigilar su mente puede despertar un sentimiento de auto rechazo como consecuencia de aumentar su capacidad de notar todas las creencias limitantes, pensamientos y emociones negativas. Esa actitud de auto rechazo y/o impotencia hacia usted mismo, puede detener el proceso de calmar su mente y cuerpo. Sin embargo, una actitud de aceptación, compasión, paciencia y amor propio hará que su progreso se acelere.

CREENCIAS LIMITANTES.

Ideas limitantes comunes que afectan la capacidad de alcanzar abundancia y prosperidad.

Sentido de auto-rechazo.

- No tengo la capacidad.

- ¡No puedo!

- No me lo merezco.

- Siempre pierdo.

- He perdido la fe en mí mismo.

- Soy un fracasado.

- No tengo la energía.

- Estoy cansado.

- Mi pasado me define.

- Estoy desilusionado de mí mismo.

- No he hecho nada con mi vida.

- Estoy muy viejo para alcanzar éxito.

- He cometido muchos errores.

- No me importa nada.

- Tengo que pagar por mis errores.

- Culpar a otros por nuestros fracasos.

- Culpar las circunstancias por nuestros fracasos.

- Auto-juzgarse regularmente.

- Arrepentirse constantemente por los errores del pasado.

Solución: amor propio, aceptación y perdón.

Sentido de separación.

- Estoy solo en el mundo.

- Mi supervivencia depende del dinero.

- Nadie me comprende.

- El mundo es peligroso y atemorizante.

- No debo confiar en nadie.

- La gente me quiere hacer daño.

- Nadie me quiere ayudar.

- La vida es una lucha.

Solución: recordar que Dios siempre está con usted para protegerlo y guiarlo.

Victimización

- La gente se aprovecha de mí.

- Nadie me respeta.

- La gente me usa.

- No le caigo bien a la gente.

- La gente me trata injustamente.

- La gente se burla de mí.

- Soy vulnerable, débil, incapaz de tomar control de mi vida.

- Sentirse víctima de los demás y de la vida.

Solución: tomar responsabilidad total por su vida y entender que todas las dificultades que se le presentan tienen una lección para enseñarle.

Supervivencia

- Miedo a la muerte.

- Miedo a la economía.

- Miedo al fin del mundo.

- Miedo de no tener como comer, ni donde vivir.

- Miedo a perder la salud.

- Pánico o miedo constante hacia la vida en general. (Asociado con sobrevivir tragedias).

Solución: aprender que nuestra vida depende de Dios y no de las circunstancias exteriores.

Autosacrificio

- Sacrificar nuestra vida por el bienestar de otras personas.

- Negar nuestras propias necesidades para suplir las de otras personas.

- No disfrutar las cosas buenas por pensar en las personas menos afortunadas.

- No tener metas, ni sueños personales por ayudarle a otras personas a alcanzar sus metas y sueños.

Solución: recobrar la esperanza, determinación, y habilidad para imaginar un futuro mejor.

Ideas limitantes en cuanto a la abundancia y la prosperidad

- El dinero es malo.

- El dinero trae problemas.

- El dinero no compra la felicidad.

- El dinero no es importante para mí.

- El dinero te hace avariento.

- No puedo administrar bien el dinero.

- Los ricos son malos, egoístas y/o antipáticos.

- Los ricos explotan a los pobres.

- Los ricos no le agradan a Dios.

- Rico para el rico y pobre para el pobre.

- Las personas no pueden ser espirituales y tener dinero al mismo tiempo.

- Dios es amor y el dinero es malo.

Solución: aprender a ver el dinero como una bendición de Dios que puede facilitar una mejor calidad de vida.

Duda de sí mismo y autocrítica hacia alcanzar éxito

- No tengo tiempo.

- Estoy desilusionado de mí mismo.

- Tengo que probarme a mí mismo quien soy.

- Yo soy una mentira.

- No quiero que la gente descubra quien soy.

- Me dan miedo mis debilidades.

- Tengo miedo de mí mismo.

- No quiero tener problemas tratando cosas nuevas.

- Tengo miedo de fracasar.

- Tengo miedo de alcanzar el éxito.

- Tengo miedo de perder lo que tengo.

- Soy inferior a los demás.

- Yo no soy bueno en ventas/negocios/inversiones, etc.

- No soy bueno para ganar dinero.

- No tengo la energía para luchar por el éxito.

- No me gusta el cambio.

- No me gusta intentar cosas nuevas.

- Todo tiene que estar perfecto antes de empezar algo nuevo.

- Al final siempre pierdo.

- No debo cobrar por mis servicios.

- Tengo expectativas negativas acerca de lo que emprendo.

- ¿Quién me estoy creyendo?

- A nadie le interesa lo que yo pueda ofrecer.

- No tengo nada valioso para contribuir.

- No quiero quedar en ridículo.

Solución: desarrollar actitudes de valentía para actuar a pesar de las limitaciones internas.

Complejos de superioridad

- Querer constantemente cambiar a otros.

- Juzgar a las personas.

- Creerse mejor que los demás.

- Criticar a los demás.

- Querer tomar la justicia en sus propias manos.

- Dar opiniones no solicitadas.

- Decirle a la gente lo que tienen que hacer.

- Discriminar a otros por su raza, nacionalidad, sexo, religión, etc.

- Chismear regularmente.

Solución: aprender a desarrollar sentimientos de amor y empatía hacia los demás.

EXPRESIONES LIMITANTES

Aunque muchas de nuestras creencias limitantes son parte de nuestro mundo   personal, hay creencias limitantes colectivas que pueden ser aún más destructivas. Estas ideas suelen tomar diferentes formas como expresiones comunes, dichos y escrituras mal interpretadas.

- Lo que por agua viene por agua se va.

- El dinero no está detrás de la puerta.

- El dinero es la raíz de todos los males.

- El dinero no compra la felicidad.

- El dinero se va como agua entre las manos.

- Es mejor no ilusionarse.

- Hay que trabajar duro.

- La vida es una lucha.

- La vida no es fácil.

- Hay que ser realista.

- ¿Quién te crees que eres?

- No me alcanza.

- No tengo.

- Uno no lo puede tener todo.

- La felicidad nunca es completa.

- El dinero daña la gente.

- Los ricos no son espirituales.

- Los ricos son avarientos.

- Los ricos son malos.

- El que mucho abarca poco aprieta.

- El dinero es difícil de conseguir.

Es importante eliminar expresiones negativas y remplazar filosofías falsas con mensajes positivos que mejoran su relación con el dinero y el éxito.

III- ACLARAR EMOCIONES NEGATIVAS RELACIONADAS CON EL DINERO

"Tú has cambiado mi lamento en danza; has desatado mi cilicio y me has ceñido de alegría"
Salmo 30:11

¿Si alguien se acerca a usted y le habla en chino, que tanto le entendería? A no ser que usted haya aprendido dicho idioma, obviamente no va a entender nada. De la misma forma, sus emociones tienen su propio lenguaje y es importante que usted aprenda su lenguaje para poder entenderlas y obtener el balance que necesita para alcanzar un estado de calma, abundancia y empatía.

Es primordial aprender a manejar las emociones negativas que son parte natural de la experiencia humana. La clave es aprender a identificarlas, aceptarlas, sentirlas a nivel emocional/fisiológico, amarnos a nosotros mismos hasta en el momento en el que estemos sintiendo dichas emociones y suavemente dejarlas ir.

El Lenguaje de las Emociones

¿Acaso no saben que su cuerpo es templo del Espíritu Santo, quien está en ustedes y al que han recibido de parte de Dios? Ustedes no son sus propios dueños; fueron comprados por un precio. Por tanto, honren con su cuerpo a Dios." 1 corintios 6:19-20

Desarrollar altos niveles de inteligencia emocional es la manera más rápida de poder procesar las emociones tóxicas que crean confusión y estancamiento en su vida. Poder entender su mundo emocional, le ayuda a sobreponerse al desorden mental que crea la obscuridad del sub-consciente. Así usted descubrirá un nuevo sentido de claridad mental, en el cual sus talentos se manifiestan naturalmente, facilitando alcanzar su propósito de vida. La siguiente descripción en relación con sus emociones es basada en la psicología Ayurvédica, tomada del libro "Applied Consciousness Science" por Carlo Monsanto.

Descubrir la poderosa y usualmente desconocida relación entre cuerpo y mente es la clave para poder tomar responsabilidad de su mundo emocional. Las emociones tóxicas tienen un efecto a nivel físico por medio de su sistema nervioso. Aprender a sentir el cuerpo le ayuda a estar conectado con sus emociones y le ayuda al cerebro a autorregularse efectivamente, ya que cambia su energía nerviosa mental, por energía nerviosa emocional, la cual apoya un mejor funcionamiento de su sistema nervioso. Este cambio en su manera de percibir despierta su capacidad de auto-sanación emocional y física.

Las diferentes emociones tienen sensaciones físicas específicas. Estas sensaciones muchas veces son muy sutiles y por lo tanto requieren su atención para poder ser identificadas. En la medida en que usted desarrolle su capacidad de percibir sus sensaciones sutiles descubrirá una forma más completa de experimentar el mundo que no está basada sólo en sus cinco sentidos, sino que envuelve todo su cuerpo. Como consecuencia, esto le permite abrir un mundo nuevo de entendimiento con relación a cómo su mundo exterior e interior están conectados.

Las características de las sensaciones corporales son:

➤ **Localización.** Sus bloqueos emocionales tienen una localización claramente definida en su sistema nervioso, el cual se expande por todo su cuerpo. En el momento que estos bloqueos son activados por diferentes circunstancias en su vida, si usted le pone atención a su cuerpo, usted podrá identificar que parte de su cuerpo está bloqueada. Por ejemplo, si tiene que hablar en público, es posible que usted sienta un "nudo en la garganta" que sea muy fácil de detectar. Sin embargo, hay muchas otras sensaciones sutiles que usted siente diariamente en diversas partes de su cuerpo y no detecta, por no haber desarrollado el hábito de estar conectado con sus sensaciones corporales.

➤ **Actividad.** La respuesta específica que es activada como contracción, calor, pesadez, palpitaciones, respiración agitada o dolor. En el ejemplo anterior, el "nudo en la garganta" es una respuesta emocional de contracción, debido al miedo.

➤ **Intensidad.** las experiencias pueden tener un impacto suave o fuerte en su cuerpo. Por ejemplo, si a usted le da mucho miedo hablar en público y tiene que hablar en frente de un auditorio lleno de personas, entonces el nudo en su garganta se siente mucho más fuerte que si sólo tiene que hablar en frente de unas cuantas personas.

➤ **Complejidad.** Las respuestas internas pueden ser activadas una por una o pueden suceder en combinación con otras respuestas internas. En el ejemplo de hablar en público, usted puede experimentar un nudo en la garganta, manos sudorosas y el corazón latiendo rápidamente, todo al mismo tiempo.

➤ **Proceso.** Sus sensaciones sutiles revelan el intercambio constante de patrones negativos que se turnan momento a momento para filtrar sus experiencias y colorear su vida. También revela el desenvolvimiento espontáneo de su proceso de liberación emocional, que va disolviendo capa a capa sus bloqueos internos y lo acerca cada vez más a su esencia real, si usted desarrolla la capacidad de estar conectado con su cuerpo.

Su cuerpo es un instrumento de comunicación.

La información que su subconsciente le esconde a su mente, le es comunicada claramente a su cuerpo. Si usted desarrolla el hábito de conectarse con su cuerpo, este le revelará la información contenida en el subconsciente. En otras palabras, su cuerpo tiene la capacidad de actuar como medio de comunicación entre el consciente y el subconsciente. Para que usted pueda leer el sutil lenguaje de sus emociones, es indispensable que esté dispuesto a ponerle atención a las sensaciones que su cuerpo siente.

Entre más pueda "desocupar" su subconsciente de los secretos que este contiene, más claridad puede alcanzar en su mente consciente para entrar en un estado en el cual su vida fluya con facilidad y pueda alcanzar sus metas.

Las emociones negativas más relevantes en este paradigma emocional son:

> **Miedo.** Su sistema nervioso reacciona de diferentes maneras al miedo. Las respuestas más comunes al miedo afectan su relación espacial, haciéndolo sentir contraído, tensionado y rígido. El miedo, de una manera física y psicológica, lo hace "pequeño". También puede sentir frío. Puede sentir ansiedad, inquietud, nauseas. El miedo puede manifestarse con una sensación de piquiña en varias partes de su piel. Una actitud de control es muy típica en las personas afectadas por un sentimiento constante de miedo.

> **Tristeza.** La tristeza afecta principalmente su percepción de la temperatura y causa una sensación de calor interno incómodo. Fíjese como usualmente después de llorar, usted siente una sensación interna de calor. La tristeza también puede producir inflamación, irritación y sed constante. Una actitud de victimización es común en las personas que sufren de un sentimiento constante de tristeza.

> **Rechazo.** El rechazo afecta su sentido de peso. En vez de sentirse liviano, el rechazo lo hace experimentar una sensación interna de pesadez. El rechazo lo puede también hacer sentir bloqueado, letárgico, desconectado, sin energía, con sueño repentino, presionado. Es importante mencionar que es muy común que el rechazo no provenga del exterior, sino que usted experimente niveles altos de auto rechazo. Una actitud de aislamiento es común en una persona que se siente rechazada.

> **Impotencia.** La combinación de miedo, tristeza y rechazo crea un sentimiento de impotencia que se manifiesta en el cuerpo con una sensación de dolor, congelamiento o bloqueo total. Por esta razón, muchas personas sufren de dolores sin saber que sus emociones no procesadas son las que atacan las áreas débiles del cuerpo, causando varios grados de enfermedad y dolor. Una actitud de desconexión con la realidad es común en este estado emocional.

Entender el lenguaje de sus emociones requiere los siguientes pasos *simultáneamente*:

1) **Abrir la atención.** La atención es la luz de su conciencia, que absorbe la negatividad de sus emociones y que le permite leer las áreas de obscuridad en su mundo interno. Así como no puede leer un libro si la luz está apagada, tampoco podrá leer el libro de su vida si la luz de su atención está atrapada en el diálogo de la mente.

2) **Sentir su cuerpo.** El lenguaje de sus emociones está escrito en su cuerpo. Por lo tanto, es muy importante que usted abra una ventana de percepción en la cual su atención continúe expandiéndose hacia su mundo exterior, mientras simultáneamente es testigo de lo que siente su cuerpo. Prender la luz no es suficiente para poder leer un libro. Usted necesita leer las

palabras escritas en él. De la misma manera, abrir la atención no es suficiente para entender el lenguaje de sus emociones, también necesita ser consciente de sus sensaciones corporales.

3) **Aceptar sus emociones.** Entrar en comunicación con su cuerpo hace que usted sienta a nivel corporal la negatividad que siente a nivel mental y emocional. Dicha negatividad crea sensaciones desagradables en el cuerpo. Su actitud automática a esas sensaciones suele ser de rechazo, lo cual lo hunde más en sus limitaciones y mantiene sus emociones tóxicas atrapadas en su cuerpo/mente. Sentir autocompasión y amorosamente aceptar los bloqueos internos es un componente clave para poder transmutar sus patrones negativos y permitir que su proceso de sanación emocional fluya. Usando el ejemplo anterior, amorosamente aceptar sus emociones y sensaciones desagradables mantiene el libro de su vida abierto, por el contrario, rechazarlas hace que el libro de su vida se cierre.

Concientización emocional.

Sus emociones son parte esencial de la manera en la que usted experimenta su vida. Si usted constantemente experimenta emociones empoderadoras, entonces usted tendrá más paz y felicidad. Por el contrario, si usted constantemente experimenta emociones limitantes, su realidad estará llena de sufrimiento. Está en sus manos tomar responsabilidad de sus emociones para así poder tener una mejor calidad de vida.

Aunque es fácil identificar la diferencia entre una emoción negativa y una positiva, identificar el grado de negatividad de las emociones, no es tan fácil de determinar. El mapa de consciencia elaborado por David Hawkins cuantifica dicha diferencia. Los beneficios del mapa de consciencia son:

1) Describe estados mentales autodestructivos y autoconstructivos que dependen de las emociones que usted siente regularmente. Las calibraciones de menos de 200 son negativas para su vida y las emociones de una calibración mayor de 200 son constructivas. Entre más baja sea la calibración del estado emocional, más bajo es su estado de conciencia, más distorsionada será su realidad y mayor será su nivel de sufrimiento. Por el contrario, entre más alta sea la calibración de sus emociones, más alto será su estado de conciencia, más clara será su visión de la vida y mayor será su nivel de bienestar.

2) Ayuda a superar la ignorancia emocional, poniendo la responsabilidad de su vida en sus propias manos.

3) Es una guía para para activar la evolución de su conciencia. Esto es posible desarrollando un estado de atención abierta y actitudes que eleven su desarrollo espiritual, como la gratitud, el servicio, la serenidad, etc.

La siguiente tabla describe los estados de conciencia, respuestas físicas asociadas con las emociones experimentadas en dicho nivel y actitudes típicas que refuerzan cada estado de conciencia.

Es importante mencionar que las emociones están siendo clasificadas como positivas o negativas para simplificar la idea que quiero expresar. Sin embargo, quiero señalar que todas las emociones tienen aplicaciones positivas en ciertos contextos. El estancamiento en niveles de baja calibración es lo que usualmente trae consecuencias poco favorables.

Niveles emocionales destructivos. (calibración)	Respuestas físicas sutiles.	Actitudes
Vergüenza 20	Pesadez, náuseas	Crueldad, chisme, auto sabotaje, venganza, rechazo
Culpabilidad 30	Pesadez/Calor	Remordimiento, victimización, negación, acusación
Indiferencia 50	Hinchazón, congelamiento, desconexión	Pesimismo, pasividad, lentitud, inacción
Tristeza 75	Calor y ardor	Tragedia, pereza, abatimiento, soledad
Miedo 100	Contracción, piquiña, rigidez y tos	Estrés, cobardía, manipulación, control, agotamiento, inhibición
Deseo 125	Agitación	Avaricia, lujuria, glotonería
Ira 150	Calor y ardor	Confrontación, violencia
Orgullo 175	Grandeza	Comparación, celos, envidia

Niveles emocionales constructivos. (calibración)	Respuestas físicas sutiles.	Actitudes
Valentía 200	Energización	Determinación
Neutralidad 250	Calma	No critica, no juicio
Voluntad 310	Liviandad	Autodisciplina
Aceptación 350	Relajamiento	Flexibilidad, desapego
Razón 400	Concentración	Entendimiento, curiosidad
Amor 500	Calor placentero	Gratitude, bondad, cariño
Felicidad 540	Expansión	Receptividad
Paz 600	Suavidad Liviandad	Gentileza, bondad, serenidad
Iluminación 700-1000	Vitalidad, despertar, éxtasis.	Servicio, unidad, empatía, poder

Usted posee un mecanismo de autosanación emocional que de una forma espontánea le ayuda a transcender estados destructivos. Estar conectado con el lenguaje de sus emociones como fue descrito anteriormente, apoya su desarrollo emocional, aumenta sus niveles de conciencia y mejora su calidad de vida. De esa forma usted estará preparado para disfrutar plenamente de sus recursos materiales.

La energía del dinero.

Las emociones negativas contaminan todos los aspectos de su vida. También su relación con el dinero es usualmente contaminada, no sólo con la negatividad de sus emociones, sino también con sus actitudes y pensamientos negativos hacia él. Por lo tanto, para transformar su relación con las finanzas, es esencial deshacer dicha negatividad y contextualizar su significado.

Las relaciones de amor y odio son una manera común en la que muchas personas interactúen con otras personas y cosas en la vida diaria. Este tipo de relaciones son obviamente incongruentes, lo cual causa confusión interna y desempoderamiento. La manera en la cual usted se relaciona con su dinero puede ser un perfecto ejemplo de amor y odio. Por una parte, usted puede desear tener más recursos económicos para hacer su vida más fácil, poder divertirse, ser más generoso y sentir más libertad. Por otra parte, usted puede tener patrones de rechazo hacia el dinero al sentirse resentido por el sufrimiento que sus finanzas le han podido causar, al tener miedo al éxito, al temer volverse avariento o convertirse en una mala persona por ser rico.

A continuación, vamos a mirar las diferentes emociones hacia el dinero, usando el mapa de conciencia, empezando desde el nivel emocional más destructivo y ascendiendo hacia el nivel emocional más edificador.

Emociones que atacan sus finanzas:

Vergüenza. Es importante notar si su relación con el dinero despierta sentimientos de vergüenza. Es probable que usted inconscientemente se sienta avergonzado de la manera en que se gana su dinero o de la manera en que lo gasta. También es posible que se sienta avergonzado de su situación financiera en general y de usted mismo por no llenar sus propias expectativas financieras.

> **Actitudes:** crueldad hacia usted mismo y hacia los demás. Rechazo hacia otros y hacia la vida en general. Humillación, deshonestidad e incumplimiento.

Culpabilidad. La manera en la que usted genera sus ingresos, la manera en la que se los gasta o la inhabilidad de mejorar sus finanzas también puede hacerlo sentir culpable. Es posible que usted culpe a otras personas por su situación financiera.

> **Actitudes:** remordimiento, negación, resentimiento, victimización, juicio y acusación.

Apatía. Si usted se siente impotente hacia su capacidad de ganar más dinero o de administrarlo adecuadamente, es posible que se haya dado por vencido y haya entrado en un estado de apatía. En ese estado usted piensa que no le importa nada. Ha este estado también se llega cuando hay mucho desorden en su mundo interno y externo.

> **Actitudes:** pesimismo, desesperanza, desánimo, desesperación, desconexión e indiferencia.

Tristeza. Si sus expectativas financieras no se han cumplido, es posible que sienta tristeza. También puede sentirse triste cuando está gastando su dinero o cuando no puede obtener las cosas que desea. Si el dinero ha sido una fuente de sufrimiento en su vida, es posible que tenga una actitud de tristeza hacia sus finanzas.

> **Actitudes:** abatimiento, tristeza, duelo, desilusión y arrepentimiento.

Miedo. El dinero también puede despertar en usted sentimientos de miedo. Especialmente, porque el dinero es necesario para suplir sus necesidades básicas como vivienda y alimentación. Por lo tanto, usted inconscientemente puede tener miedo de que su supervivencia esté en juego si no tiene suficiente dinero. El miedo hacia el dinero comúnmente se manifiesta como preocupación y estrés. Muchas personas se sienten atrapadas en un trabajo que no les gusta o en relaciones tóxicas por miedo a perder su sustento. También les falta valentía para actuar hacia la realización de sus sueños por el miedo al fracaso.

> **Actitudes:** cobardía, preocupación, estrés, inseguridad e inhibición.

Deseo. Es factible que usted constantemente esté concentrado en sus antojos, en vez de estar anclado en su presente y en reconocer todo lo que ya posee. Aunque los deseos pueden abrir la puerta para que usted pueda tener aspiraciones para el futuro, vivir en un estado de deseo es destructivo para su paz interior, ya que puede llevarlo a la avaricia.

Cuando usted imagina vívidamente sus metas y da gracias por adelantado por su realización, usted hace una transición interna entre un estado de deseo a un estado de realización. Esto se debe a que su subconsciente no sabe la diferencia entre su imaginación y la realidad. Cuando usted imagina que alcanzó su meta, el subconsciente (que es el 90% de su mente) asume que su meta fue realizada. Al terminar su período de visualización, suelte su meta y concéntrese en entrar en una conexión absoluta con su presente. En el silencio interno de su mente cuando está conectado con cada momento, está el poder de materializar lo que desea.

> **Actitudes:** insaciabilidad, antojo, avaricia y apego.

Enojo. La escasez financiera puede despertar sentimientos de enojo no sólo hacia sus finanzas, sino hacia usted mismo. También, inconscientemente, puede sentir ira hacia aquellas personas que tienen lo que usted desea tener.

> **Actitudes:** agresividad, discordia, frustración, irritabilidad, odio, volatibilidad y resentimiento.

Orgullo. Si sus finanzas son satisfactorias, es posible que usted tenga un sentimiento negativo de orgullo, que lo haga sentir superior a aquellas personas que tienen menos recursos que usted.

Actitudes: división, polarización, celos, comparación y envidia.

Emociones que estimulan sus finanzas

Valentía. La valentía es la emoción que le ayuda a tomar acción en la dirección que usted desea y a transcender el congelamiento que produce el miedo. Un momento clave en su vida, es aquel en el que usted sabe cuáles son sus sueños, decide perseguirlos, vencer todos los obstáculos que se presenten y toma la decisión de nunca darse por vencido hasta que los logre.

Actitudes: empoderamiento, determinación, persistencia y excelencia.

Neutralidad. Este es el estado de conciencia al que usted accede cuando deja de juzgar las cosas como positivas o negativas. De esta manera usted ahorra energía juzgando sus experiencias, a los demás y a usted mismo. Sus finanzas dejan de ser el vehículo que usted usa para entrar en dualidades como perdedor/ganador, bueno/malo, inferior/superior.

Actitudes: no juicio y prudencia

Voluntad. Cuando usted tiene voluntad, está abierto a aprender, explorar y a cooperar.

Actitudes: cooperación, positivismo y esperanza.

Aceptación. En este nivel de conciencia usted entra en armonía hasta con las personas y circunstancias más difíciles, ya que aprende a dejar que la vida fluya, sin reaccionar negativamente. Como resultado, usted acepta sus retos financieros con calma y toma acción para encontrar soluciones.

Actitudes: flexibilidad psicológica, paciencia y calma.

Razón. Este nivel le permite tener un entendimiento de la verdad para poder aumentar su sabiduría. En sus finanzas, le permite tener claridad mental y discernimiento en cuanto a su relación con el dinero. Entender sus finanzas y cómo funciona el dinero le puede ayudar a ser más organizado y alcanzar libertad financiera.

Actitudes: curiosidad, introspección y reflexión.

Amor. El amor hacia el dinero es una expresión que tiene connotaciones negativas, ya que está asociado con los apegos y la avaricia. Sin embargo, cuando usted ve el dinero como un recurso sagrado con el que usted es bendecido y siente agradecimiento por él, entonces el amor al dinero se convierte en una actitud positiva que aumenta sus posibilidades de alcanzar paz financiera y abundancia. Ver el dinero de esta manera, también le ayuda a entrar en un estado de revelación en cuanto a cualquier miedo inconsciente y trauma relacionado con sus recursos materiales.

Actitudes: gratitud, cariño y generosidad.

Felicidad. La felicidad es un estado interno que no precisamente depende de circunstancias exteriores, ni de su capacidad financiera. Aunque el dinero puede ayudarle a vivir experiencias placenteras, su felicidad depende de que tan agradable sea estar con usted mismo momento a momento. Sin embargo, aprender a disfrutar su vida, haciendo cosas que le gusta hacer, puede ayudarle a mejorar su actitud hacia su propia vida y también hacia sus finanzas. Por eso es importante que responsablemente, aprenda a invertir parte de su dinero en divertirse.

Actitudes: satisfacción, realización, presencia completa y diversión.

Paz. Entrar en un estado de paz le permite transcender los constantes altibajos emocionales, y entrar en un estado de balance interno. Esto hace que usted navegue sus experiencias difíciles con calma, lo cual disminuye radicalmente su sufrimiento. El miedo a no tener dinero desaparece, ya que usted se siente plenamente protegido por una fuerza superior que tiene la capacidad de suplir sus necesidades. En un estado interior de paz, usted aumenta su capacidad de manifestar sus intenciones con un esfuerzo mínimo.

Actitudes: bondad, gentileza y serenidad.

Iluminación. Las personas iluminadas tienden a perder toda preocupación de sí mismas. Su alto desarrollo espiritual y la excelencia de sus valores, crea una barrera de protección que hace que sus vidas sean altamente funcionales. Estas personas viven para servir a la humanidad de una manera silenciosa o enseñando. Sus finanzas, abundancia o prosperidad no son algo que ocupa mucho sus mentes, pero que muchas veces llega de una manera espontánea debido a su dedicación a servir.

Actitudes: servicio, empatía, compasión y unidad.

Cambiar la relación de amor y odio con el dinero para que sus finanzas fluyan saludablemente en su vida, requiere que usted les ponga atención a sus emociones negativas hacia el dinero en general y también hacia sus finanzas bajo diferentes circunstancias.

Qué siente cuando:

1) **Gana dinero:** ¿Se siente agradecido? ¿Rechaza lo que se gana por qué no cree que es suficiente? ¿Se siente preocupado o desilusionado por no tener un ingreso más alto?

2) **Gasta:** ¿Siente felicidad, tristeza, preocupación o remordimiento?

3) **Ahorra**: ¿se desanima porque quisiera poder ahorrar más? ¿Se siente impotente por no poder ahorrar la cantidad que quisiera?

4) **Comparte:** ¿comparte con alegría o a regañadientes?

¿Cómo reacciona ante las siguientes situaciones financieras?

- Cuando cree que no tiene suficiente.

- Cuando se le está acabando su dinero.

- ¿Qué piensa acerca de las personas que tienen dinero?

- ¿Qué piensa acerca de las personas pobres?

- ¿Cuál es su actitud hacia usted mismo en momentos de escasez?

- ¿Cuál es su actitud hacia usted mismo en momentos de abundancia?

- ¿Qué expectativas financieras tiene?

¿Cuánta energía mental gasta pensando en sus finanzas o en cuestiones relacionadas con su dinero? La verdad es que muchos individuos hacen del dinero su "dios", gastando demasiado tiempo pensando en sus finanzas. Irónicamente, esto suele suceder más en las personas pobres que en los ricos. La pobreza trae consigo un estado mental obsesivo de escasez, el cual hace que la pobreza persista hasta que el individuo sobrepase sus propios miedos financieros.

IV. LIBERARSE DE SU PASADO

De modo que si alguno está en Cristo, nueva criatura es; las cosas viejas pasaron; he aquí, son hechas nuevas. 2 Corintios 5:17

Imagine que quiere sembrar un hermoso árbol de manzana en un basurero. ¿Cree que funcionaría? De la misma manera, las semillas de sus sueños necesitan ser plantadas en un territorio mental limpio de los desperdicios del pasado para que puedan germinar saludablemente.

Estar más consciente de su mundo interno le permite descubrir el constante ataque hacia sí mismo por medio de sus pensamientos, actitudes y hábitos. Parar la obsesión de su mente hacia la negatividad automática, requiere mirar a un nivel más profundo la raíz de ese hábito autodestructivo que empezó en su niñez y que se ha repetido constantemente a través de su historia. Sus actitudes y acciones hacia la vida, hacia los demás y hacia usted mismo están estrechamente relacionados con su pasado. Procesar su pasado adecuadamente es la clave para poder reprogramar su mente, transcender el sufrimiento, tomar mejores decisiones, poder usar su poder interno y alcanzar la paz.

El pasado afecta su presente

Las huellas del pasado se manifiestan en su vida de varias maneras:

1) **Recuerdos**: esta es la forma más fácil de identificar. Básicamente sucede cuando usted tiene memorias del pasado las cuales hacen que usted sienta vívidamente las emociones negativas asociadas con el evento que está recordando.

2) **Emociones negativas conscientes e inconscientes:** muchas de las emociones que usted experimenta automáticamente, no puede identificarlas porque está tan acostumbrado a sentirlas, que su familiaridad hace difícil detectarlas. Esas emociones son como una piedrita en el zapato que mientras usted está caminando no nota que está ahí, pero cuando se quita el zapato y la descubre, entonces se da cuenta de cuánto le estaba molestando. Conscientes o inconscientes, sus emociones automáticas están estrechamente relacionadas con su pasado.

3) **Valores:** sus relaciones con los demás y con usted mismo también son afectadas por su pasado, ya que éstas suelen ser una reflexión de los valores que usted aprendió en su niñez. Por ejemplo, si usted creció en un hogar donde existía el respeto, es muy probable que usted automáticamente se trate a usted mismo y a los demás de igual forma. Si, por el contrario, no fue tratado con respeto, entonces es posible que usted no tenga el concepto claro de lo que es respetar y por lo tanto no tenga límites definidos que le ayuden a actuar adecuadamente hacia usted mismo y hacia los demás.

4) **Autoestima:** su autoestima tiene un efecto directo en su nivel de prosperidad y abundancia. Eso se debe a que sus ingresos no van a ser más de lo que usted considera que se merece. Por lo tanto, para aumentar su capacidad de tener abundancia y prosperidad, primero necesita aumentar su autoestima, lo cual requiere que usted limpie su pasado. Imagínese que es enviado a cumplir una misión y en vez de salir a cumplirla, usted empezara a atacarse a sí mismo. Ese comportamiento seria caótico para poder realizar su objetivo. Sin embargo, eso es exactamente lo que le sucede a la mayoría de las personas. Una baja autoestima hace que los seres humanos se encuentren en un constante estado de autosabotaje, el cual hace que no puedan usar su fortaleza para alcanzar sus propósitos. Esas voces internas que usted escucha que le dice "no puedo", "no me lo merezco", "no soy lo suficientemente bueno", son un ejemplo del hábito de autosabotaje de su propia mente, el cual es muy probable que haya originado en su pasado lejano.

5) **Acciones:** su comportamiento en general está lleno de reacciones automáticas que son el resultado de la programación de su mente. Sus acciones son precedidas por sus emociones y pensamientos, los cuales son afectados por su pasado. Por lo tanto, su pasado tiene un gran efecto en sus acciones. La tendencia a repetir sus acciones inconscientemente determina su futuro y su capacidad para alcanzar el éxito, ya que las mismas acciones generalmente tienen como consecuencia los mismos resultados.

6) **Perspectiva:** la percepción de su realidad es alterada por su mente, la cual es como un filtro que constantemente distorsiona lo observado consistente con lo que hay en su mundo interior. Por lo tanto, sus experiencias en vez de tener la frescura del presente ininterrumpido son constantemente alteradas con el sufrimiento del pasado. Como resultado, su pasado tiende a repetirse indefinidamente hasta que usted pueda procesar los mecanismos internos que interpretan sus experiencias. Esto quiere decir que la manera en la cual usted percibe la vida no está basada en el mundo externo, sino que su realidad es creada por usted mismo. Sus ojos no son sólo un lente con el que observa el mundo, sino que también son un proyector que proyecta su pasado sobre su presente. Por ejemplo, si usted tiene un patrón de respuestas internas basadas en miedo, este patrón va a crear una actitud de ansiedad, estrés, preocupación y/o pánico. Como resultado, esas son las reacciones habituales que usted proyectará en sus relaciones, trabajo, finanzas y en todas las áreas de su vida.

Su niño interno.

Disolver las cadenas del pasado inevitablemente requiere mirar cuidadosamente su niñez, ya que entre el momento de su nacimiento y los siete años fue donde empezaron la mayoría de esos programas mentales inadecuados que usted necesita romper. La vida mirada a través de los ojos de un niño puede ser fascinante, pero también por su vulnerabilidad y falta de razonamiento, es difícil de entender. Las experiencias difíciles tienden a ser interpretadas de una manera incorrecta. Por ejemplo, los niños tienden a culparse a sí mismos por las cosas que suceden; cuando no pueden llenar las expectativas los demás, tienden a sentir que no son suficientemente buenos; cosas insignificantes pueden despertarles miedo. Esas actitudes, no evaluadas, son después transferidas a la edad adulta. Una de las características universales de los niños, es la tendencia de imitar a sus padres automáticamente, sin poder cuestionar la eficacia de lo que están aprendiendo. De esa manera, copian no sólo las cualidades de sus padres, sino también sus patrones de comportamiento negativo.

La acumulación de experiencias traumáticas, patrones negativos copiados de los padres y del medio ambiente, tienen un efecto directo en la conexión entre cuerpo/mente del niño, ya que éstas crean las vías neurológicas que, ayudadas por la repetición de hábitos mentales y emocionales, tienden a existir por el resto de la vida en el adulto. Desde sus primeros años, el miedo, el auto rechazo y la tristeza hicieron que su sistema nervioso empezara a sentirse contraído, pesado y caliente. Ese estado de desbalance emocional se sostiene y se refuerza afectando sus pensamientos, emociones, actitudes y salud física a cada momento. Dichos bloqueos emocionales le dan forma a su realidad y afectan su capacidad de tener paz interna, abundancia y/o empatía, hasta que usted tome el tiempo para procesar su pasado. Los vestigios del pasado no procesado, es en gran parte lo que usted observa cuando cuidadosamente vigila sus pensamientos y emociones.

Los eventos traumáticos hacen que su edad física y edad psicológica difieran. Es como si parte de su mente quedara atrapada en el pasado, esperando a que usted haga una alineación del tiempo. A no ser que esa alineación suceda, las emociones más comunes que usted experimentó en su niñez son un espejo de las emociones más comunes que usted experimenta en su vida de adulto. Esos traumas no resueltos, hacen que su pasado se repita constantemente no sólo en su propia vida, sino también en la de sus futuras generaciones. Entender la relación entre su niñez y su vida de adulto es la clave de una sanación emocional profunda, para así poder liberarse de su pasado y ataduras ancestrales.

Memorias reprimidas

Las memorias dolorosas tienden a ser reprimidas por la mente como un mecanismo de protección. Estas memorias son escondidas en el subconsciente y tienen un efecto negativo en su mente, como un fantasma que lo persigue a toda hora, pero usted no lo puede ver. Las memorias reprimidas tienden a crear repuestas emocionales como depresión, tristeza, indiferencia, estrés, vergüenza, culpabilidad, aislamiento, insomnio o pesadillas. Esas respuestas emocionales se turnan de momento a momento, creando un estado constante de negatividad, sin que usted puede recordar los eventos que las originan.

Para lograr congruencia entre su mente consciente e inconsciente, es clave poder capturar esas memorias perdidas para así transcender las respuestas automáticas que éstas desatan. Todas las personas tienen experiencias difíciles para procesar. No importa que tan perfecto su pasado y su niñez parezcan ser, siempre tendrá algo para procesar. Eso también se debe a la vulnerabilidad de sus primeros años de vida, en los cuales cosas que parecen insignificantes, como una actitud, palabra o emoción negativa dirigida hacia usted, pueden acarrear grandes consecuencias.

Implosión de la atención.

Como mencioné anteriormente, es muy factible que usted experimente la vida desde un constante estado de bloqueo emocional que mantiene el pasado vivo y le roba su vitalidad. Gasta demasiada energía mental en ser malabaristas de su mundo interno que lo encarcela en sí mismo. Consecuentemente, usted pierde la capacidad de estar despierto y completamente en contacto con el mundo exterior. Su atención se vuelve como una luz que, en vez de brillar hacia afuera, hace implosión y crea un estado de pérdida de conciencia. De esta manera, cuando usted cree estar despierto, en realidad está mayormente distraído con su diálogo interno, dominado por el caos mental. La fragmentación y desconexión con la realidad emergen debido a la distracción de su mente consigo misma. La implosión de su atención y el estancamiento emocional hace que su proceso de maduración se retrase. Por lo tanto, es muy posible que su edad cronológica no concuerde con su desarrollo interno. Aprender a despertar de las distracciones de sus pensamientos, permite que usted pueda transcender su realidad actual y madurar emocionalmente.

La manera más efectiva de poder transformar su vida es aprender a organizar su mundo interno para así obtener claridad mental y emocional como resultado de desatar los "nudos" emocionales que bloquean su sistema nervioso. Esos nudos emocionales también incluyen nudos financieros que hacen que sus finanzas se puedan encontrar en un estado de estancamiento interno.

Integración y discernimiento

La integración emocional es la capacidad de recordar experiencias tóxicas reprimidas en el subconsciente, que cuando salen a la superficie desbloquean el sistema nervioso de "nudos emocionales", uno por uno. Al recordar dichas experiencias, suele haber un período de discernimiento, en el cual usted entra en un profundo entendimiento acerca del evento y sus consecuencias. La integración emocional facilita la claridad mental que apoya un estado de atención abierta y receptiva, en vez de un estado de implosión de su atención.

Los estudios científicos de neuroplasticidad, demuestran que su sistema nervioso es como plastilina que tiene una sorprendente capacidad de reestructurarse a sí mismo y crear nuevas conexiones neurológicas. Aunque los hábitos negativos parezcan ser rígidos y pegajosos, por medio de la integración y discernimiento, dichos patrones pueden ser permanentemente interrumpidos. Su capacidad de efectuar cambios permanentes a nivel neurológico por medio de la integración y discernimiento hace que usted pueda cambiar su mundo interior y exterior de la manera más rápida posible.

Anteriormente exploramos como estar conectados con las sensaciones del cuerpo puede ayudarle a aclarar emociones negativas, incluyendo emociones relacionadas con el dinero. Sin embargo, estar conectados con el cuerpo nos permite entrar en un nivel aún más profundo de libertad emocional, ya que este puede facilitar el proceso de integración y discernimiento de experiencias pasadas traumáticas.

Esclavitud emocional: en un estado mental habitual, usted suele reaccionar de una manera automática a lo que le sucede. Las ataduras emocionales que operan a un nivel subconsciente afectan sus actitudes, pensamientos y acciones de una manera silenciosa. Como resultado, usted se ve atrapado en la tendencia a repetir los mismos errores.

Estímulo ⇨ Reacción Emocional Automática.

Libertad emocional. Si antes de responder a un estímulo específico, usted pausa y se conecta con su cuerpo, identificará sensaciones físicas claramente asociadas con sus respuestas emocionales automáticas. Ese momento de conexión interna, puede acompañarlo con preguntarse a sí mismo que hay detrás de dicha sensación corporal y como puede sentirse mejor. Si usted continúa vigilando su cuerpo/mente, entonces es muy probable que recuerde eventos traumáticos claramente. También es posible que vea una imagen o le llegue una palabra a la mente que está asociada con la experiencia suprimida. Tomar una pausa antes de reaccionar automáticamente es muy beneficioso en esos momentos en los que se presentan situaciones que despiertan un estado emocional intenso. Por ejemplo, cuando usted siente enojo hacia alguien y responde de una manera impulsiva, es posible que después se sienta arrepentido de lo que dijo o hizo. Si en vez de responder automáticamente, usted toma una pausa para responsabilizarse por su sentimiento de enojo (sintiendo su emoción a nivel mental/físico) entonces es muy factible que su respuesta al evento sea completamente diferente.

Estímulo ⇨ Pausa ⇨ Respuesta Emocional Consciente.

Es importante observar lo que sucede internamente sin querer forzar nada. De una manera natural, todo se desenvuelve en el momento indicado. Lo único que usted necesita hacer es aprender a cultivar silencio interno y amorosamente "leer" el libro de su propia historia, en la medida que le sea revelado.

Las emociones y sensaciones físicas que preceden sus respuestas automáticas actúan como una barrera que previene que la memoria reprimida flote a la superficie de la mente. Ponerles atención a sus sensaciones físicas sutiles (pre-emociones), preguntándose a sí mismo que hay detrás de esa sensación, resulta en que la barrera se rompa y la memoria suprimida flote del subconsciente hacia la superficie de la mente. De esa forma, no sólo se disuelve la sensación sutil (pre-emoción) asociada con el evento traumático, sino que también suele surgir una mejor explicación al trauma de la que inicialmente fue creada, completando el ciclo de integración y discernimiento. Así, gradualmente sucede una reorganización de su sistema nervioso que le ayuda a tener más claridad mental, salud emocional y física.

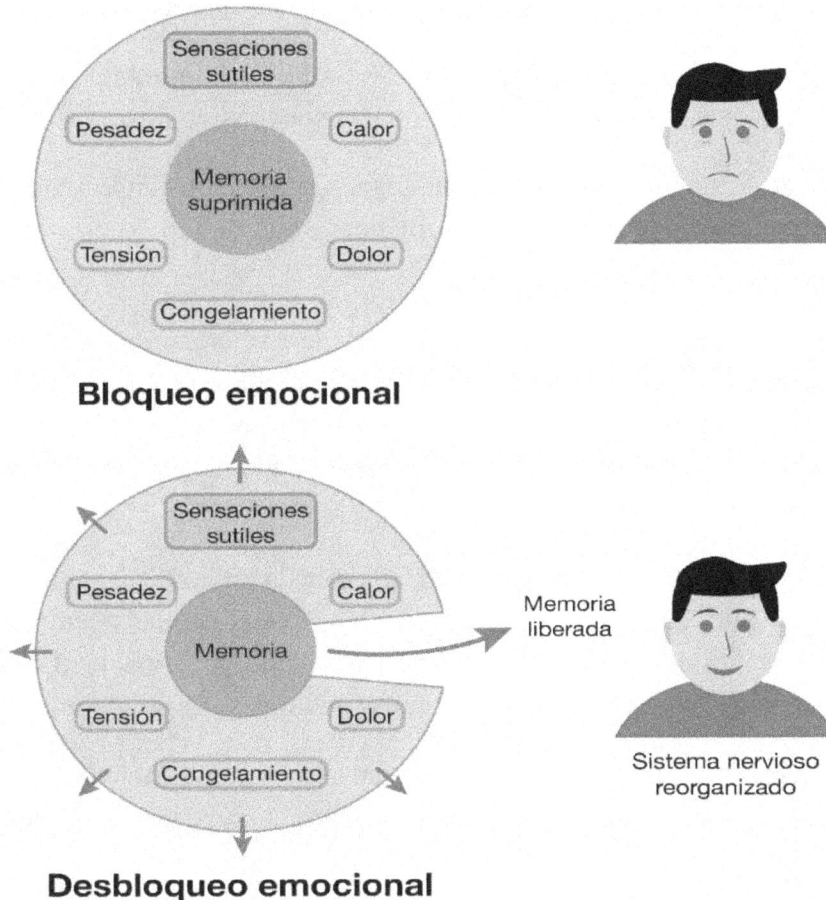

Bloqueo emocional

Desbloqueo emocional

Aprender a actuar con más conciencia en vez de reaccionar automáticamente, le ayudará a parar de cometer los mismos errores y aprender más rápidamente las lecciones de la vida. Entre más pueda profundizar su autoconocimiento, más fácil le será romper sus patrones negativos, incluyendo aquellos relacionados con sus finanzas. Su habilidad para tomar mejores decisiones aumentará drásticamente para que su vida sea más funcional, incluyendo sus finanzas.

Sane su historia monetaria amando su niño interno

Explorar como su pasado financiero afecta su relación con el dinero en el presente, es esencial para poder desatar las barreras que pueden detener su éxito en el área de las finanzas. Su comportamiento hacia el dinero, como todas las otras áreas de su vida, está estrechamente conectado con su pasado. Estas pueden ser una copia exacta de las actitudes, comportamiento y emociones de sus padres hacia el dinero. También puede haber experiencias traumáticas ocultas relacionadas con las finanzas que usted necesita urgentemente entender, para entonces poder cambiar su situación. Entender su pasado financiero le ayudará a conscientemente crear una nueva historia, en vez de repetir las limitaciones económicas de sus pasadas generaciones.

El siguiente ejercicio de le permitirá investigar su pasado. Es importante que no trate de forzar ningún resultado, sino que descanse en la conexión interior consigo mismo y con Dios.

1) Siéntese cómodamente, sostenga un billete en sus manos, respire profundo y pídale a Dios poder recordar experiencias financieras traumáticas que están reprimidos en el subconsciente y que afectan su presente.

2) Expanda su atención como una luz intensa que emana de su corazón y simultáneamente traiga a su mente una imagen vívida de su niñez. Después imagine que abraza amorosamente su niño/niña interna. Continúe expandiendo su atención y al mismo tiempo descanse suavemente en el poderoso sentimiento de amor a sí mismo, que es la clave para la sanación interna y para mejorar su autoestima.

3) Si siente alguna sensación incómoda en su cuerpo, envuélvala en la luz del amor de Dios y pregúntese a usted mismo que hay detrás de esa sensación. Descanse tranquilamente confiando en que la respuesta llegará en el momento adecuado. Su capacidad de entrar en un intenso estado de amor y paz interna es lo que acelera su proceso de conocimiento interno.

4) Si alguna memoria del pasado llega a su mente, pregúntese a usted mismo como puede sanar esa memoria. Cubra el evento en la luz del amor de Dios, incluyendo todas las personas envueltas. Descanse en una actitud de amor y aceptación hacia lo sucedido.

➤ Estar dispuesto a perdonar a todos aquellos que le han hecho daño es un componente crítico para poder sanar su mente. Recuerde que es imposible lastimar a otras personas sin primero lastimarse a sí mismo. Las transgresiones hacia el prójimo son siempre un arma de doble filo que hiere al agredido y también al agresor. Es un estado de inconsciencia lo que usualmente motiva dichas acciones. Una actitud de compasión hacia otros y hacia sí mismo tiene el poder de sanar. Por eso Jesús antes de su muerte dijo a Dios: "Perdónalos porque no saben lo que hacen'.

➤ Perdonar verdaderamente, abrirá la puerta para que usted envuelva de amor a sus agresores y así pueda traer a la superficie sentimientos de ira que usualmente están escondidos dentro de usted.

➢ Un estado emocional consciente o inconsciente de resentimiento, enojo e intolerancia sólo lo mantendrá estancado y esto afectará su capacidad de manifestar abundancia y prosperidad.

➢ Es igualmente importante estar dispuesto a perdonarse a usted mismo por sus propios errores. La culpabilidad es una emoción que puede afectar su futuro. Aunque es importante aprender de los errores y tratar de no volverlos a cometer, no es necesario darse golpes de pecho por lo que ya pasó. Cúbrase a usted mismo y a sus errores en el perdón y la luz de Dios para así poder seguir hacia adelante.

Algunas veces, los traumas del pasado no envuelven a ninguna persona en particular, sino que son el resultado de situaciones trágicas como accidentes y muertes. En ese caso, es esencial tener aceptación total de lo sucedido y entender que, aunque muchas veces no sabemos por qué suceden las cosas, siempre hay una lección para aprender.

Sus retos del pasado y del presente, por difíciles que sean, están perfectamente alineados con las lecciones que usted necesita aprender. Su capacidad de aprender de sus errores hace que su proceso de evolución transcurra rápidamente. Es importante preguntarse a usted mismo qué necesita aprender de las situaciones difíciles que se le han presentado en el pasado y las que se presentan en su vida actual.

Las experiencias difíciles tienen su propio periodo de sanación. Algunos traumas son resueltos rápidamente, mientras otros toman más tiempo para sanar. Su única tarea es amorosamente abrazar su niño interno y pacientemente observar cómo se desenvuelve espontáneamente todo un complejo proceso de autosanación emocional, el cual traerá a su mente muchos recuerdos dolorosos. En la medida en que usted acepte y envuelva esos recuerdos en la presencia sanadora del amor, las emociones negativas asociadas con el evento empezarán a desaparecer. Es esencial que usted aprenda a amar y aceptar su propio proceso de sanación emocional. Eventualmente, usted observará como su cuerpo y mente se empezarán a sentir mucho más placenteros y será mucho más agradable estar con usted mismo.

Cuando usted limpie su mundo interno de la polución de su pasado, entonces será partícipe de un nuevo sentido de la realidad. Usted podrá experimentar armonía y silencio interno que son el preámbulo para poder sentir la presencia de Dios en todo momento, desde lo más profundo de su propio corazón. También descubrirá el increíble poder que posee para manifestar sus metas, cuando logre sanar su cuerpo/mente y en usted brille el poder creador de Dios. Entonces usted sabrá que el mundo es un lugar mucho más amigable y cooperador de lo que usted remotamente puede imaginarse.

La crisis de sanación

Aprender a expandir su atención y a conectarse con las sensaciones físicas que tiene su cuerpo, puede acarrear una crisis de sanación que se manifiesta a nivel físico y emocional. Las reacciones físicas dependen de la acumulación emocional que usted tenga en su mente/cuerpo y de su capacidad de sostener un estado de conexión consigo mismo. Síntomas comunes incluyen sensación de fiebre interna, escalofrío, temblor de diferentes intensidades, los síntomas de un resfriado regular, náuseas, vómito, etc. A nivel mental/emocional, puede haber una avalancha de emociones y recuerdos del pasado que suelen atemorizar a muchas personas. Las crisis suelen llegar en oleadas, por lo tanto, es importante que usted trate de apoyar su proceso de sanación interna descansando lo suficiente y aumentando sus periodos de silencio interno. Esto acelera el discernimiento e integración necesarios para poder restablecer el balance emocional, estando abierto al próximo episodio de sanación interna. Es muy importante tener la valentía para enfrentarse a su propio sufrimiento, armado de aceptación y amor hacia usted mismo, sabiendo que Dios está con usted para protegerlo y darle la fortaleza necesaria para continuar.

Facultades superiores que lo transforman

Dar reversa a los patrones negativos que usted ha aprendido a través de los años de la forma más rápida posible, requiere que usted esté dispuesto a desarrollar sus facultades superiores a cada momento. De esa manera, usted podrá encaminarse en un proceso de evolución humana que cambiará su vida en todos los niveles. En resumen, las siguientes facultades que discutimos anteriormente son la clave de su superación personal:

1. **Expansión-** aprender a suave y *amorosamente expandir la atención* como una luz que brilla hacia el infinito, tiene un profundo efecto en su mundo interno. Esa expansión de su conciencia detiene poco a poco la fragmentación de su realidad, ya que usted aprenderá a dejar intactas las percepciones que recibe sin añadirles, ni quitarles nada. Así también aprenderá a conservar su energía mental que suele ser desperdiciada en pensamientos innecesarios. También aumentará su capacidad de estar despierto, vigilante y presente ante su propia vida.

2. **Amor-** *activar su capacidad de sentir amor hacia sí mismo y hacia los demás* causa una revolución interna que activa la transformación de su vida. La suave energía del amor tiene un profundo efecto en su sistema nervioso. Éste facilita la revelación de cualquier experiencia pasada tóxica que necesite ser vista. Amar su sufrimiento para que muera es la clave de la purificación emocional.

3. **Sentir-** como expresé anteriormente, el cuerpo comunica un gran número de sensaciones sutiles que son mayormente ignoradas por muchas personas. Aprender a expandir la atención y simultáneamente abrir una ventana de percepción para estar conectados con las respuestas internas, revelará una nueva capacidad de poder entender su presente, pasado y futuro. *Estar conectado con todo su cuerpo mientras "absorbe" los estímulos externos, le ayudará a descubrir un sorprendente nivel de poder personal.*

4. **Introspección**- sus experiencias externas están maravillosamente orquestadas con su desarrollo interno. Estar presente a su mundo emocional y preguntarse qué hay detrás de sus emociones negativas, acelera su proceso de crecimiento personal para poder vencer el sufrimiento y alcanzar altos niveles de conciencia.

Desarrollar sus facultades superiores para entrar en un proceso de sanación emocional, requiere que usted cree un hábito constante de conexión con usted mismo y que use su mente de una manera diferente. Así podrá acelerar la expansión de su conciencia, liberarse de su pasado, disolver los filtros de percepción para finalmente devolver el balance a su sistema nervioso y a su vida en general. Como resultado, usted experimentará una nueva capacidad para saber lo que debe hacer y para tomar acción.

V- DESARROLLAR METAS ALINEADAS CON SU DESTINO DIVINO

Porque, ¿quién de vosotros, deseando edificar una torre, no se sienta primero y calcula el costo, para ver si tiene *lo suficiente* para terminarla? Lucas 14:28

El caos interno hace que usted sea malabarista de sus creencias limitantes, emociones negativas y de sus experiencias traumáticas. Además, hace que sus talentos se queden enredados en el desorden interno y no logren surgir. La energía que gasta balanceando ese desorden interno, disminuye su capacidad de ponerle atención a su mundo externo y a las oportunidades que puede tener enfrente. Armonizar su mundo interno le permite poder acercarse a su propósito de vida, el cual es desarrollar sus talentos para poder tener un impacto positivo en su propia vida y en la de los demás.

Una de las mayores causas de descontento en muchas personas, es tener un trabajo que les permite sostener su estilo de vida pero que les disgusta o no les hace sentir que están desarrollando su máximo potencial. Cuando su trabajo está alineado con sus talentos naturales, entonces su trabajo se convierte en el vehículo mediante el cual usted puede satisfacer sus necesidades financieras y contribuir al cambio social. La alineación entre finanzas y talentos naturales, acompañados con una actitud de excelencia y servicio, es la clave para alcanzar paz interna, prosperidad y unidad.

Uno de los objetivos más importantes en su vida es descubrir cuáles son sus talentos y habilidades. Si usted disfruta su trabajo y se siente realizado llevándolo a cabo, entonces usted está alineado con su propósito de vida. Su próxima tarea es desarrollar un nivel de excelencia que le permita hacer lo que ama y obtener resultados financieros positivos. Si su trabajo no le satisface completamente, es posible que usted necesite sacar tiempo para encaminarse en lo que le apasiona, hasta que le sea posible dejar su trabajo actual y dedicarse completamente a su trabajo ideal. Vale la pena hacer todos los ajustes necesarios para sentir que está desarrollando su potencial. Si no sabe cuáles son sus talentos naturales, entonces debe analizar qué le gusta hacer. ¿Qué cosas hace usted fácilmente, que a otras personas les cuesta mucho trabajo? ¿Qué tipo de juegos disfrutaba más en su niñez y que trabajo puede hacer que se relacione con esas actividades? Pregúntese regularmente a usted mismo cuáles son sus talentos. Después, tenga su atención abierta para determinar qué cosas se presentan en su mundo exterior que puedan ser la respuesta a dicha pregunta.

Hemos explorado en los capítulos anteriores como desbloquearse internamente para poder sobreponerse ante las creencias limitantes, las emociones negativas y las experiencias difíciles del pasado. Sin embargo, para que sus metas se materialicen, es necesario que usted este equipado con los conocimientos prácticos que le permitan maximizar su capacidad de actuar efectivamente. La psicóloga Gabriela Oettingen después de décadas de estudios científicos, ha desarrollado un método de cuatro pasos para la realización de metas, el cual ha demostrado excelentes resultados. Es el sistema DROP. (Deseo, resultados, obstáculos, plan).

1) **Deseo:** la realización de sus metas obviamente requiere que usted tome tiempo para trazar metas específicas, medibles y que tengan una fecha definida para su realización.

2) **Resultados:** el segundo paso en el método DROP, es visualizar claramente todos los beneficios de alcanzar sus metas.

Como fue señalado anteriormente, tener una visión empoderadora de la vida de sus sueños, lo ayudará a mantenerse motivado, a desarrollar la creencia de poder alcanzar sus metas y también a tener presente cuáles son sus objetivos. Sin embargo, hay una gran diferencia entre crear un meta y poderla alcanzar.

Tener una visión específica, saber el porqué de las metas que quiere alcanzar y aclarar las barreras internas, le ayudará a acercarse a sus sueños, pero tener una buena estrategia es parte esencial para poder alcanzar el éxito. Los siguientes dos pasos le ayudarán a tomar acción y tener una perspectiva real del precio que debe pagar para alcanzar sus propósitos.

3) **Obstáculos:** el tercer paso requiere que usted tome tiempo en entender que obstáculos se interponen entre usted y sus metas.

   - **Analice su posición actual:** Usted necesita saber claramente donde está. Por eso es esencial analizar su posición actual en relación con sus propósitos.

   - **Determine que conocimientos necesita adquirir:** es necesario también que determine si necesita aumentar sus conocimientos para poder actuar efectivamente. Por ejemplo, si usted quisiera bajar de peso, usted necesita saber cómo alimentarse adecuadamente, cuanto ejercicio hacer, cuánta agua debe tomar, etc. El no tener el conocimiento adecuado sería un gran obstáculo en alcanzar su peso ideal.

   - **Decida las personas que le pueden ayudar:** necesita saber de quién necesita ayuda para lograr sus propósitos. Si usted quiere bajar de peso, es posible que necesite un nutricionista para guiarlo o que necesite la cooperación de su familia para cambiar hábitos poco saludables.

4) **Plan:**

El último paso requiere que usted tenga un plan específico y eficaz. Para hacer un plan efectivo usted necesita saber cómo planear.

   - **Lluvia de ideas:** empiece haciendo una lista de todas las ideas que pueda tener en cuanto a lo que necesita hacer para realizar su meta. Pregúntese a sí mismo que otra idea le puede ayudar.

   - **Organice su lista en orden de prioridades:** determine cuál es el paso más importante y trabaje en él hasta que lo logre. No se deje intimidar por aquellos pasos que requieren demasiado esfuerzo. Si usted desarrolla el hábito de hacer algo diariamente hacia su realización, entonces podrá alcanzarlos.

- **Identifique los obstáculos más grandes y búsqueles solución:** obtener resultados rápidamente requiere que usted analice sus metas y decida cuales son los principales obstáculos que debe enfrentar. Después, asegúrese de enfocarse hasta que logre vencer dicho obstáculo.

- **Determine los resultados críticos:** esto es importante porque le ayudará a decidir dónde usar sus energías más productivamente. Mantenga una perspectiva realista de lo que quiere hacer. Si decide hacer demasiadas cosas se la hará difícil obtener los resultados que desea.

- **Ponga todas sus ideas y planes por escrito:** alcanzar sus metas debe ser un propósito serio que requiere que usted sea estratégico y que ajuste sus planes en el camino. Escribir sus planes diarios y las ideas que surjan, aumentará grandemente su productividad.

- **Monitoree sus resultados:** después de crear metas específicas para cada área de su vida (profesional, personal, espiritual, salud, familia, finanzas y social) desarrolle el hábito de semanalmente monitorear su progreso y planear su próxima semana. Esto no tiene que ser un proceso que tome mucho tiempo. Puede ser tan sencillo como escribir una lista de 1-3 cosas en las que se va a concentrar en cada área de su vida. Mirar esa lista cada mañana le puede ayudar a estar enfocado para alcanzar sus objetivos. En la noche, analice su día. Identifique que cosas positivas hizo y que debe hacer mejor. Este paso es fundamental para aumentar su autoestima y motivación. Es una buena idea aprovechar el comienzo de cada nuevo año para trazar metas anuales y después tomar tiempo cada tres meses para revisar su progreso detenidamente y ajustar sus planes. Eso no significa que usted deba esperar para crear sus metas. Empiece lo más pronto posible.

- **Tenga fechas específicas para la realización de sus metas:** tener fechas le ayudará a que su subconsciente agilice el logro de sus metas. Si por alguna razón no pudo alcanzar la meta en el tiempo indicado, determine que sucedió y fije otra fecha.

El sistema DROP es también muy beneficioso como un hábito que acompañe sus deseos para el futuro. Pensar en el deseo, resultados, obstáculos y plan (DROP) lo ayudará a centrarse para así determinar si en realidad quiere emprender una nueva meta en el presente, si es mejor dejarla para más adelante o si no vale la pena perseguirla.

VI- ORGANIZAR SUS FINANZAS

"Un tesoro precioso y aceite están en la morada de una persona sabia, pero una persona necia devora todo lo que tiene." Proverbios 21:20

Su capacidad para alcanzar abundancia requiere la habilidad de generar suficientes ingresos y también saber utilizar sus recursos adecuadamente. Es necesario que usted analice cuidadosamente sus hábitos financieros que pueden estar previniendo que sus finanzas fluyan abundantemente o que lo puedan estar llevando lentamente a un caos financiero.

Hábitos Financieros Negativos

Falta de integridad financiera. Asegúrese de que sus interacciones con el dinero tengan el más alto nivel de honestidad. Esto incluye la manera en que usted genera ingresos y la manera en que los gasta. La falta de integridad financiera eventualmente puede hacer que sus finanzas y su autoestima sufran grandemente. Asegúrese de pagar sus deudas, de ganar y gastar sus ingresos de una manera que este alineada con sus valores. Esto ayudará a crear un espacio de paz financiera, lo cual es un paso fundamental para transformar su relación con el dinero.

Falta de respeto hacia el dinero. Si usted empieza a ver su dinero como un recurso sagrado que le permite suplir sus necesidades básicas, mientras su ausencia les cuesta la vida a millones de seres humanos, entonces el consumo excesivo y compras impulsivas no tendrán espacio en su vida. Usted tendrá clara la diferencia entre lo que usted necesita y lo que desea, para así tomar decisiones financieras prudentes. *Su meta debe ser encontrar un balance entre vivir una vida abundante, sin llegar a los excesos.* Debe tomar de la tierra los recursos necesarios para vivir cómodamente, teniendo respeto absoluto por su dinero y los objetos que adquiere. Desarrollar el hábito de comprar teniendo una lista de lo que necesita, le puede ayudar a disminuir sus gastos y a pensar en sus compras más detenidamente. El hecho de que un objeto este rebajado de precio, no debe ser excusa para comprarlo sino es algo que usted en realidad cree que debe comprar.

Esclavitud por medio de deudas. Las deudas se han convertido en el medio que les permite a muchas personas vivir una realidad distorsionada en cuanto a su estilo de vida, a un gran costo: la esclavitud financiera. Nuestra sociedad ha hecho de las deudas un estilo de vida que debe ser rechazado por las personas que desean alcanzar libertad económica. Aunque hay unas deudas que pueden ser una inversión en su futuro, hay muchas personas que simplemente usan a sus deudores para vivir una vida que no les corresponde. Esto puede ser visto como falta de integridad financiera que le roba la oportunidad de tener ahorros para el futuro, ya que el dinero que podría amortizar para tener un fondo de retiro se va en pagar altos intereses en sus tarjetas de crédito. Esa alta tasa de interés hace que termine pagando cantidades exorbitantes por los más simples objetos. Además, es posible que sus deudas se le salgan de las manos y le roben su paz interna, afectando su vida en general, incluyendo su salud. Por esa razón, una de sus metas financieras más importantes, debe ser no aceptar las deudas como una forma de vida.

En vez de eso, debe pagar lo que debe y no volverse a endeudar. Un hábito que le puede ayudar es aprender a hacer sus compras en efectivo o con su tarjeta de débito, y no tener las tarjetas de crédito en su billetera.

Apego al dinero. Si bien es cierto que es importante respetar su dinero, eso no quiere decir que se tenga que apegar a él. Dejar que sus recursos fluyan de una manera natural, le va a permitir obtener más. No "caliente su dinero". Incurra en los gastos que sean necesarios sin esperar. Si detrás de su apego al dinero existe miedo a que se le acabe, recuerde que su sobrevivencia no depende del dinero, sino de Dios que siempre provee. Por eso la generosidad debe ser una parte esencial de su relación con el dinero, independiente de su situación económica. La generosidad le ayuda a sobrepasar el apego y a que sus finanzas estén alineadas con Dios.

Avaricia. La avaricia es un deseo insaciable de tener dinero o cosas materiales, que usualmente llevan al egoísmo y decadencia espiritual. El dinero silenciosamente se puede convertir en el centro de su vida, mientras su desarrollo humano pasa a un segundo plano. Por esa razón es importante determinar la medida en la cual sus recursos son suficientes, lo cual puede ponerlo internamente en paz con lo que tiene sin pensar en consumir más de lo que usted considera suficiente, bajo sus propios estándares. Por ejemplo, si usted cree que necesita 10 pares de zapatos, entonces no compre más de esa cantidad. La tranquilidad que usted puede sentir al alcanzar la que considera suficiente y no pensar en conseguir más, lo puede ayudar a sentirse libre de sus propios caprichos.

Obsesionarse con el dinero. Esto sucede cuando usted gasta demasiada energía mental pensando en sus recursos materiales. Aunque es importante pensar en sus finanzas regularmente, el dinero no debe ser el centro de atención en su vida. Si usted se enfoca en cómo hacer una diferencia social significativa, entonces usted podrá acceder a su poder interno más fácilmente, lo cual puede facilitar unas finanzas más abundantes. Pensar todo el tiempo en cuánto dinero tiene, cuánto quiere tener o cuánto le hace falta, hace que usted haga del dinero su dios, independiente de si usted es rico o pobre. Por lo tanto, estar consciente de su propio diálogo interno en relación con el dinero es la clave para poder hacer los cambios necesarios.

Sobreconsumo. Aunque ya hemos mencionado el sobreconsumo, es necesario mirar esta tendencia más detenidamente. Comprar más de lo debido, no sólo pone sus finanzas en riesgo, sino que también crea más desperdicio para el planeta. Por más que le guste un objeto, la realidad es que tarde o temprano se convierte en basura que contribuye al desequilibrio ecológico. Más grave aún, es la realidad de que sus compras pueden estar apoyando toda clase de prácticas inhumanas de trabajadores que son explotados o hasta sujetos a esclavitud laboral. Esto hace primordial que usted se convierta en un comprador consciente.

Codiciar los bienes ajenos. Es indispensable que usted acepte sus condiciones actuales y vea su vida desde una perspectiva amplia que le permita entender que así sus finanzas no sean ideales, usted puede tener muchas otras cosas que son más valiosas que los bienes materiales. Cada uno tiene su camino que recorrer y sus lecciones que aprender.

El codiciar los bienes ajenos lo puede llevar a ser desagradecido con sus propios bienes, lo cual solo hace que sus finanzas se estanquen.

Competir con los demás. Implícito en el hábito de competir, está la tendencia a compararse con las personas que lo rodean. Esto lo puede llevar a la envidia y a sentirse inferior y auto rechazado cuando interactúa con alguien de mejores condiciones económicas. También lo puede llevar al orgullo y a menospreciar a las personas en condiciones inferiores a las suyas. Pero lo más peligroso es entrar en una perspectiva distorsionada de la realidad, en la cual usted se valore a usted mismo y a los demás basado en el estatus económico. Su meta más grande debe ser el desarrollo de su conciencia, que es lo que en realidad acelera su evolución como ser humano. Además, compararse con los demás lo puede llevar a experimentar tensión financiera, por incurrir gastos para los que no está preparado. Una buena actitud que usted puede adquirir hacia aquellos que tienen las cosas que usted desea tener, es bendecir los bienes de ellos y los suyos al mismo tiempo.

Preocuparse por las apariencias. Hoy en día, muchos de los objetos que usted puede adquirir son de similar calidad, pero algunos de ellos pueden costar el triple o más, solo por tener un emblema visible que lo puede hacer aparentar que tiene un mejor estatus económico. Una camisa de 100% algodón con un bordado de un caballo o un cocodrilo, puede costarle mucho más dinero que la misma camisa de algodón sin ningún bordado. Si usted ahorra ese dinero para su futuro, está tomando una decisión económica mucho más inteligente.

Escapar de su sufrimiento yendo de compras. El ir de compras es una experiencia que puede emocionarlo, haciendo que su cuerpo secrete hormonas que lo hacen sentir bien. Escapar de su sufrimiento temporariamente por medio de comprar, es un hábito que puede convertirse en una adicción que, literalmente, puede costarle muy caro. Procesar sus emociones negativas para crear un mundo interno placentero es una solución permanente que puede liberarlo de su caos interno.

Gastar todo lo que se gana. Es posible que cuando usted era niño y le daban dinero, usted lo gastaba completamente en dulces o juguetes. Ese hábito es sostenido por muchos en la edad adulta, lo cual hace muy difícil que estas personas ahorren, ya que tienden a devorar rápidamente sus recursos sin darse cuenta. Aprender a pagarse a usted primero, lo cual significa darles prioridad a sus ahorros apenas adquiera dinero, es una manera muy efectiva de romper el hábito de despilfarrar todos sus ingresos.

Desagradecimiento. La falta de abundancia y prosperidad puede hacer que usted experimente un sentimiento de rechazo hacia sus recursos financieros al querer poseer mejores cosas de las que tiene en el presente. También es posible que usted sienta que aceptar la escasez lo vuelva conformista y desmotivado. De hecho, lo contrario es cierto. Lo que usted resiste, persiste. Aceptar su situación actual, sentir agradecimiento por sus recursos por limitados que sean, y tomar acción para cambiar su situación, es la manera más efectiva de poder salir adelante.

Tener actitudes inadecuadas en relación con sus posesiones materiales. Analizar sus actitudes en relación con las cosas que posee le puede ayudar a identificar su actitud hacia el dinero.

➢ **Sus posesiones lo poseen.** Esto sucede si usted les da mucha importancia a las cosas materiales y vive por obtener, cuidar y mantener las cosas que desea. Si por alguna razón, no tiene sus posesiones, esto puede hacerlo sufrir inmensamente. También, se le hace muy difícil compartir algo que no sean sobras.

➢ **Tiene miedo de apegarse a lo material.** Dejar que sus posesiones lo posean es definitivamente una manera negativa de relacionarse con su mundo material. Sin embargo, tenerle miedo a obtener cosas materiales pensado que le pueden hacer daño a su crecimiento personal, también es una actitud negativa. Es importante que usted desarrolle la capacidad de obtener las cosas que lo hagan sentir abundante y próspero, mientras al mismo tiempo, desarrolle la capacidad de desprenderse de sus bienes materiales si es necesario.

➢ **Rechazar sus pertenencias.** Es posible que haya una diferencia entre lo que usted tiene en el presente y lo que desea tener. Esta disparidad puede hacer que usted sienta rechazo hacia lo que posee. Trate de imaginarse un día sin tener absolutamente ninguna posesión material, por pequeña o grande que sea. Imagine no tener su cepillo de dientes, ropa, utensilios para cocinar o comer, no tener casa, carro o una cama donde acostarse a descansar. Este ejercicio puede ayudarle a entender el importante rol que sus pertenencias tienen en hacer su vida más fácil y placentera. Generalmente, en cada momento de su vida usted está acompañado de objetos materiales. Por los tanto, si usted empieza a percibir la importancia de las cosas que posee y a sentir agradecimiento, entonces sus pertenencias se convertirán en sus aliadas en volverse una persona más agradecida en general.

➢ **Pasar por desapercibidas sus posesiones:** La costumbre de tener sus posesiones a su disposición constantemente puede hacer que llegue el momento de que no las note. Aprender a tratar bien sus cosas le ayudará no solamente a que le duren más, sino también a que funcionen mejor. Los objetos también responden a sus actitudes. Cuando usted está envuelto en un estado emocional altamente negativo, es muy posible que su computadora no le funcione, el carro se le dañe, el baño se tupa, etc. ¡El universo está vivo hasta en sus cosas materiales!

➢ **Falta de manejo adecuado de finanzas.** Para manejar su dinero adecuadamente usted necesita invertir tiempo. Actividades financieras, como preparar un presupuesto, pagar sus obligaciones mensuales efectivamente, saber cuánto gana, gasta y ahorra, son absolutamente esenciales para tener más tranquilidad y poder tomar control de su dinero.

➢ **Ignorancia financiera.** Las finanzas pueden ser un tópico complicado que lo intimida y aburre. Sin embargo, obtener los conocimientos básicos con relación a cómo trabaja el dinero es una responsabilidad clave que usted tiene como persona adulta. La ignorancia económica le puede costar muy cara, ya que hace extremadamente difícil que usted pueda alcanzar libertad financiera.

Hábitos Financieros Básicos

Crear un presupuesto

1- Anote su ingreso mensual.

2- Tome tiempo para hacer una lista de todos sus gastos mensuales. Muchos de esos gastos son fijos, como los pagos de los servicios o hipoteca/renta. Otros gastos no lo son.

3- Establezca parámetros relacionados con los gastos no fijos, como la cantidad de dinero que gaste en diversión, en compras y en restaurantes.

4- Planee adecuadamente de acuerdo con sus necesidades. Por ejemplo, si ve que está gastando mucho dinero en diversión, la solución puede ser buscar maneras más económicas para divertirse, limitar los días de la semana en los que incurre dichos gastos o generar más ingresos.

5- Ajuste sus hábitos.

6- Monitoree semanalmente sus gastos y cambie sus tácticas como sea necesario.

Organizar sus pagos mensuales

Hacer un cuadro de sus obligaciones mensuales y pagarlo todo simultáneamente, preferiblemente a principio o fin de mes, puede liberarlo de la preocupación innecesaria de mantener presente diferentes fechas de pago. El siguiente cuadro de obligaciones, es un ejemplo simplificado de lo que debe hacer. Obviamente, es necesario que su tabla incluya todos los pagos que debe hacer en la primera columna y que usted marque a la derecha la caja que corresponda al pago que realice. Si su banco ofrece hacer pagos de obligaciones mensuales, es posible que usted pueda pagar todo al mismo tiempo y ahorre tiempo en hacer pagos individuales.

	Enero	Feb.	Mar.	Abril	Mayo	Junio	Agosto	Sep.	Oct.	Nov.	Dic.
Electricidad	./										
Tel.	./										
Internet.	./										

Hacer la cuenta de sus gastos semanales

Aprender a mantener el control de sus gastos semanales es una manera fácil de saber dónde se está yendo su dinero y hacer ajustes. Para este fin, existen excelentes aplicaciones como "Mint", que pueden llevar un control automático de sus gastos al estar conectado con sus cuentas bancarias y tarjetas (si es que todavía las usa). Si prefiere, puede anotar sus gastos a medida que los incurra, sumarlos a final de la semana y analizar si necesita hacer algún cambio. Es posible que se sorprenda en saber la cantidad exacta que gasta en ciertas cosas. Los gastos pequeños tienden a sumar mucho más de lo que usted se imagina.

Tener ahorros

Tener un fondo de emergencia es muy importante para su tranquilidad mental, especialmente sino tiene un ingreso regular. Esos ahorros deben estar separados del dinero de uso diario, de lo contrario, es mucho más fácil terminar gastándose todo. Asegúrese de no usar esos ahorros de emergencias en nada que no sea una verdadera emergencia. Como expliqué anteriormente, la manera más fácil de ahorrar es pagarse a usted mismo primero tan pronto obtenga su dinero, antes de empezar a incurrir otros gastos. También es importante que deseche la idea de que sus tarjetas de crédito sean su fondo de emergencia.

Ser un consumidor educado

Es conveniente que cuando usted vaya a incurrir en gastos grandes, se tome el tiempo para informarse bien con relación a la calidad del producto que está adquiriendo. También, buscar por lo menos tres presupuestos de diferentes proveedores, puede ahorrarle dinero. Tenga en cuenta que hay muchas ocasiones en las que los vendedores de productos y servicios están dispuestos a negociar los precios de las cosas. Aprender a determinar cuándo es apropiado negociar el precio de lo que va a comprar, también es una manera muy efectiva de disminuir sus gastos y de manejar sus recursos inteligentemente.

Principios Financieros Básicos.

La Amortización Compuesta.

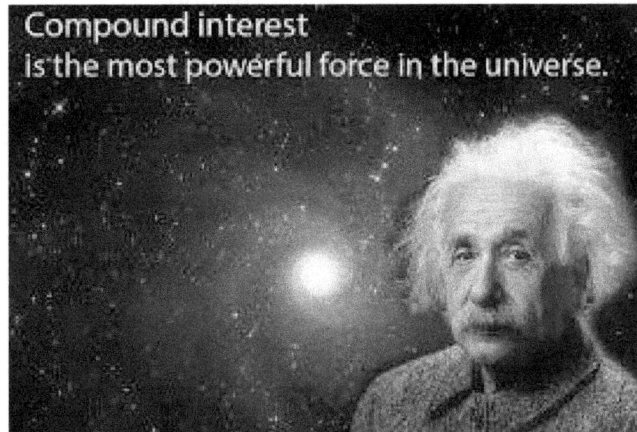

"*La amortización compuesta es la fuerza más poderosa del universo*". **Albert Einstein.**

Una de las reglas más importantes del dinero es saber que éste tiene el potencial de multiplicarse por sí solo usando la regla de la amortización compuesta. Esta regla es tan poderosa, que un hábito de ahorro sostenido a través de su vida adulta puede hacer que usted llegue a ser rico, aunque la cantidad que ahorre mensualmente no sea mucha. La clave es empezar a ahorrar lo más temprano posible para que su dinero tenga tiempo de multiplicarse varias veces.

La regla del 72: El dinero sigue las reglas de la amortización compuesta, lo cual quiere decir que tiene el potencial de duplicarse siguiendo la ley del 72.

Divida el 72 por la tasa de interés que está ganando sus ahorros y obtendrá el número de años que tomará en duplicar su inversión. Ejemplo:

72÷3= 24 años

Su capital invertido a una tasa de interés del 3% se duplica en 24 años.

72÷6=12 años

Su capital invertido a una tasa de interés del 6% se duplica en 12 años.

72÷12= 6 años

Su capital invertido a una tasa de interés del 12% se duplica en 6 años.

Años	3%	6%	12%
0	10,000	10,000	10,000
6			20,000
12		20,000	40,000
18			80,000
24	20,000	40,000	160,000
30			320,000
36		80,000	640,000
42			1,280,000
48	40,000	160,000	2,560,000

¡Divida el 72 por la tasa de interés anual que esté pagando en sus deudas (hasta 28% o más) y obtendrá el número de años que tomará en duplicarle las ganancias a su acreedor!

Deudas: amortización compuesta usada en su contra (a excepción de préstamos para inversiones viables).

Resultado: Esclavitud financiera.

Sálgase de deudas pagando primero la deuda en la que le estén cobrando el interés más alto. Rompa el hábito de la esclavitud financiera. ¡No se vuelva a endeudar!

Ahorros inteligentes: amortización compuesta usada a su favor.

Resultado: Libertad financiera.

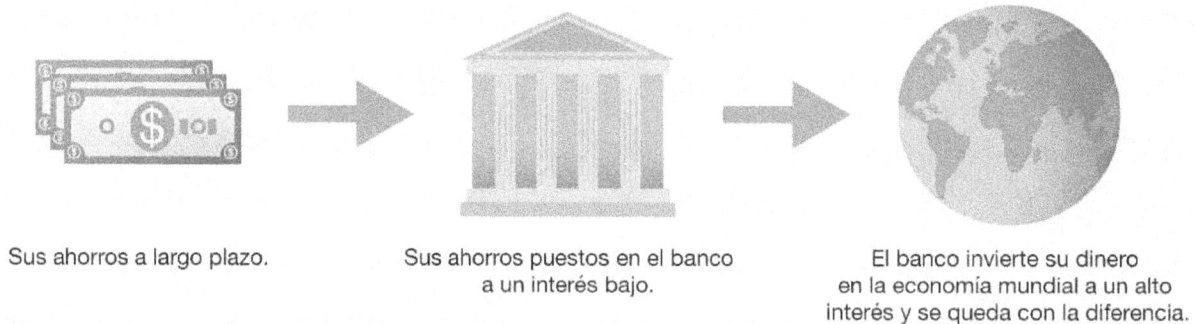

Sus ahorros a largo plazo.

Sus ahorros puestos en el banco a un interés bajo.

El banco invierte su dinero en la economía mundial a un alto interés y se queda con la diferencia.

Evite los intermediarios. ¡No ponga su dinero a trabajar para otros! Depositar los ahorros a largo plazo en el banco, es tal vez uno de los errores financieros más comunes. Este hábito solo hace que su dinero trabaje para el banco, en vez de trabajar para usted.

Conviértase en inversionista:

Sus ahorros a largo plazo.

Usted invierte su dinero en la economía mundial a un alto interés y retiene la mayor parte de las ganancias, para alcanzar libertad financiera.

Estructuras de Finanzas Organizadas:

Así como una casa necesita una estructura firme para poderse mantener, crear unas finanzas saludables también requiere una estructura definida. La siguiente lista está organizada en orden de prioridad:

1) **Proteja su ingreso por medio de un seguro de vida:** los seguros de vida son una manera económica de proteger su ingreso, si tiene la información correcta. Un seguro se vida le permite asegurar el bienestar económico suyo y de su familia en momentos trágicos. Los seguros con beneficios en vida también protegen su ingreso en caso de enfermedades críticas, crónicas o terminales.

Teoría de responsabilidad decreciente: usualmente cuando usted está más joven, tiene hijos pequeños o adolescentes, sus responsabilidades económicas son muchas y la pérdida de ingresos puede ser devastadora. En esa parte de su vida, es muy necesario proteger su ingreso, pero afortunadamente, es mucho más económico hacerlo ya que los pagos mensuales de los seguros de vida a término son basados en su edad. Cuando sus hijos crecen, usted tiene menos responsabilidades económicas y debe haber ahorrado lo suficiente para no necesitar un seguro de vida, ya que, en esta etapa de su vida, usted está en una edad más avanzada. Eso hace que el seguro de vida a término sea mucho más costoso y difícil de obtener.

Un seguro de vida con ahorro no es una buena manera de ahorrar su dinero. Este tipo de seguro es mucho más costoso que un seguro a término y su dinero recibe una baja tasa de interés.

Todos sus ahorros de los primeros 2 años son usados para pagar comisiones. En caso de que fallezca, pierde sus ahorros.

2) **Fondo de emergencias:** nadie está exento de una situación económica imprevista, que requiera incurrir gastos adicionales. Circunstancias como pérdida de empleo, daños a sus posesiones o enfermedades/accidentes son sólo unos ejemplos de situaciones que pueden crear mucho estrés si usted no tiene ahorros de emergencias. Es recomendable ahorrar entre 3 a 6 meses de gastos mensuales para prevenir un caos financiero.

3) **Eliminación de deudas:** como se mencionó anteriormente, las deudas no sólo le roban su paz mental, sino que también hacen muy difícil que usted pueda alcanzar libertad financiera. Pague las deudas con los intereses más altos primero, hasta pagar la deuda de interés más bajo.

4) **Jubilación:** tener ahorros para su jubilación debe ser una de sus prioridades financieras a largo plazo. Aunque es importante que usted invierta en vehículos financieros que sean consistentes con su tolerancia al riesgo, es una buena idea no ir a los extremos. Ser demasiado arriesgado le puede costar perder sus ahorros. Ser demasiado precavido puede hacer que sus inversiones pierdan su valor. Si usted pone su dinero debajo del colchón, o en el banco a un interés mínimo, al pasar los años ese dinero estancado pierde capacidad adquisitiva debido a la inflación. Conseguir un analista financiero honesto (con licencia en finanzas), puede hacer una gran diferencia en su futuro económico. Como regla general, invertir en fondos mutuos diversificados con una compañía confiable, es una manera de ahorrar con un riesgo mínimo. Dichas compañías tienen un récord de muchas décadas de ganancias netas. Los altibajos en las inversiones son completamente normales. La clave es no sacar su dinero durante los periodos de descenso y permitir que sus ahorros maduren por suficiente tiempo. De esa forma, tendrá una ganancia neta en su portafolio financiero.

Tenga cuidado con agentes de seguros que le hacen invertir su dinero en un seguro de vida con ahorros, disfrazando el nombre como una cuenta de inversión. Si usted no quiere invertir su dinero en la economía mundial por miedo a perderlo, aprenda acerca de las anualidades. Estas son cuentas de inversiones muy seguras que le permiten ganar un interés más alto en sus ahorros de lo que le pagan un banco o un seguro con ahorro. No permita que vendedores astutos usen su miedo a invertir para venderle productos financieros ineficientes que nunca le van a permitir que su dinero trabaje para usted. Asesórese adecuadamente antes de tomar una decisión.

5) **Ahorros para la universidad:** empezar a ahorrar para la educación de sus hijos lo más pronto posible, es muy importante. Sin embargo, sus ahorros para la jubilación deben tomar prioridad. De esta forma, usted no se convertirá en una carga financiera para sus hijos en el futuro. Además, sus hijos podrán fácilmente financiar sus estudios si lo necesitan, mientras para usted puede ser muy difícil recobrar el tiempo perdido en sus ahorros de jubilación.

6) **Otras metas y sueños:** sus planes financieros también deben incluir otras metas y sueños. Es especialmente importante que usted tome vacaciones regularmente, y que tome por lo menos un día a la semana para descansar y divertirse. Trate de incluir en su presupuesto una cantidad adecuada para hacer las cosas que disfruta.

Chequeo Financiero

Un análisis financiero es un reporte detallado que le ayuda a determinar qué tan saludable están sus finanzas. Por medio de un chequeo financiero es más fácil crear un presupuesto que le ayude a guiar sus finanzas diarias y a planear su futuro a largo plazo para poder alcanzar abundancia y prosperidad. Un chequeo financiero también le indica su número de independencia financiera, el cual le permite saber cuánto necesita ahorrar mensualmente para vivir una vejez libre de preocupaciones económicas.

El Cuadrante del Flujo del Dinero.

El cuadrante del flujo del dinero es una representación de las diferentes formas de crear ingreso, el cual demuestra métodos más efectivos de poder alcanzar independencia financiera. (Presentada por Robert Kiosaky en su libro, Padre Rico Padre Pobre) La parte izquierda del cuadrante demuestra el tipo de actividades que crean ingreso lineal, el cual es limitado por el tiempo y energía del individuo. La parte derecha demuestra actividades que crean ingreso residual, el cual ofrece libertad financiera, ya que el ingreso proviene de tener a otras personas o su propio dinero trabajando para usted.

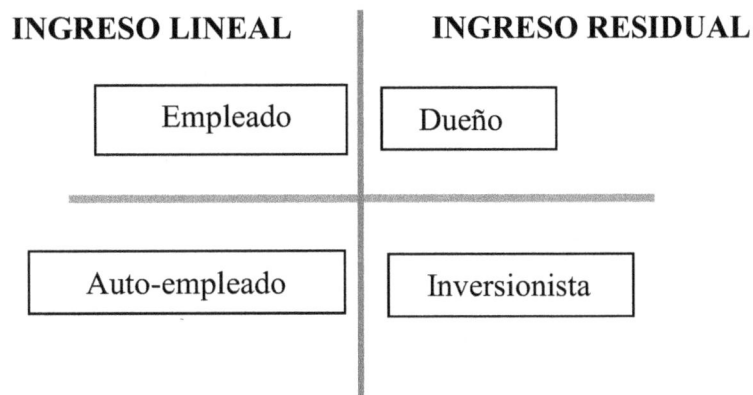

INGRESO LINEAL	INGRESO RESIDUAL
Empleado	Dueño
Auto-empleado	Inversionista

Empleado: trabaja por un sueldo. Intercambia su tiempo por dinero. Sino trabaja no recibe pago. Esta persona trabaja para otros. Su ingreso está limitado por el número de horas que pueda trabajar.

Autoempleado: trabaja por su cuenta, pero sino trabaja no obtiene ingreso.

Dueño de negocio: tiene un sistema que le permite recibir ingresos por medio del trabajo de otras personas. Se puede ausentar de su negocio y continúa generando ingresos.

Inversionista: en vez de tener personas trabajando pare él/ella, tiene su dinero y/o los préstamos bancarios, generando ingresos.

Usted alcanza la libertad financiera cuando no tiene que trabajar para suplir sus necesidades; la cual es mucho más fácil de alcanzar cuando usted genera sus ingresos en el lado derecho del cuadrante del flujo del dinero. Esta parte del cuadrante ofrece un ingreso residual. Por lo tanto, si usted tiene habilidades de negociante o inversionista, vale la pena que las desarrolle. Si usted no cree que cuenta con dichos talentos, entonces es una buena idea entrar en un negocio de poco riesgo que le permita aprender a su propio ritmo. Conseguir un buen consejero financiero, como fue mencionado anteriormente, le puede ayudar a convertirse en un inversionista con sus propios ahorros. Tenga presente que saber cómo generar ingresos y administrarlos inteligentemente son dos aspectos muy diferentes de las finanzas. Una persona que tenga un ingreso limitado pero que cuente con una estructura financiera adecuada tiene más probabilidad de poder llegar a alcanzar libertad financiera que una persona que tenga altos ingresos pero que no sepa administrarlos.

VII- DESCUBRIR UN PROFUNDO SENTIDO DE UNIDAD CON EL PROJIMO.

> "Un mandamiento nuevo os doy: Que os améis unos a otros; como yo os he amado." Juan 13:34

Nuestro camino de autodescubrimiento eventualmente nos lleva a una verdad culminante: el hecho de que somos parte de un mundo en el que todos estamos unidos. Nuestros talentos y habilidades nos han sido dados para nuestro propio beneficio y el de toda la humanidad. La capacidad de transcender el egoísmo nos permite dejar una huella indeleble y abrirnos a una nueva realidad.

Vencer el sentido de separación

La limitación más grande que tenemos los seres humanos es que nos encarcelamos en una realidad en la que constantemente estamos pensando en nosotros mismos y en cosas innecesarias. Nos encerramos en el mundo que creamos con nuestra mente y perdemos contacto pleno con la realidad universal. El ruido de los pensamientos ahoga nuestra capacidad de estar conectados con la sutilidad de muchos estímulos externos que requieren un contexto de silencio interno para ser percibidos. Uno de esos estímulos sutiles que perdemos es la experiencia de unidad de nuestra conciencia con todo el resto de la creación. Así como nos hacemos sordos al canto de los pájaros, ciegos a la presencia de las flores, insensibles a las sensaciones suaves de nuestro cuerpo, también nos volvemos incapaces de experimentar la unidad que existe entre los seres humanos y todos los seres vivientes de la naturaleza. Nuestra mente irónicamente nos hace "superiores" a otros organismos en términos evolutivos, pero también crea la posibilidad de hacernos sentir separados del resto del mundo.

El sentido de separación es la mentira que acarrea más dolor y sufrimiento. La idea de que estamos solos "luchando" contra el mundo, observando como la vida conspira contra nosotros a través de los problemas diarios, crea un sentido cruel hacia nuestra propia existencia. De esa manera, somos echados del paraíso de la verdad y entramos a vivir en el mundo de mentiras creado por nuestras percepciones alteradas. Ese contexto de separación crea el preámbulo perfecto para desarrollar actitudes autodestructivas que afectan la manera en que nos relacionamos con nosotros mismos y con los demás, entrando en un estado que nos debilita profundamente. A continuación, hago un análisis de algunas actitudes negativas hacia los demás, basadas en bajos niveles de conciencia.

> ➤ **Crueldad:** la crueldad de nuestra mente no sólo nos ataca a nosotros mismos, sino también a los demás. A medida que desarrollamos la capacidad de vigilar nuestra mente, podemos ver dicha crueldad en acción. Nos volvemos conscientes del auto ataque de nuestra mente que nos hace los peores críticos de nosotros mismos y del prójimo.

➤ **Juzgar**: Muchas veces enfatizamos las fallas de los otros para así sentirnos que somos mejores que ellos. ¡En este nivel bajo de conciencia, el chisme se convierte en el mejor pasatiempo! También culpamos de nuestro dolor a nuestros verdugos, sin darnos cuenta de que aquellos que nos lastiman, primero se lastiman a sí mismos. Ellos muchas veces corren sus patrones negativos inconscientemente, así como nosotros hacemos lo mismo. De esta forma, todos proyectamos nuestro propio dolor en aquellos que nos rodean, usualmente, en los seres que más amamos. Nadie se escapa de esa difícil verdad, a no ser que se transciendan los patrones limitantes de crueldad hacia sí mismo.

➤ **Indiferencia**: nos volvemos indiferentes ante el sufrimiento de los demás, ya que estamos demasiado ocupados con nosotros mismos para poder conectarnos emocionalmente con nuestros semejantes.

➤ **Tristeza:** a menudo no somos conscientes de que existe en nosotros un profundo sentido de tristeza por la desilusión que sentimos hacia los demás.

➤ **Miedo:** nuestras relaciones interpersonales tienden a ser superficiales y vacías, ya que tenemos miedo a abrirnos completamente y ser vulnerables a que nuestros sentimientos sean lastimados.

➤ **Deseo:** muchas veces nos enfocamos tanto en poder alcanzar nuestros deseos, que nos esclavizamos de ellos, disminuyendo nuestros niveles de empatía.

➤ **Enojo:** constantemente tenemos expectativas acerca de los demás y nos enojamos cuando dichas expectativas no son satisfechas.

➤ **Orgullo:** silenciosamente nos comparamos con los demás y los hacemos inferiores o superiores a nosotros mismos según nuestros prejuicios. Si nos creemos superiores a los demás, nos sentimos inflados y poderosos. Si nos creemos inferiores, nos sentimos insignificantes y débiles.

Muchas de estas actitudes son usualmente inconscientes y requieren de una actitud de introspección para ser divulgadas a la mente consciente. Aprender a expandir su atención y conectarse con sus sensaciones sutiles, mientras entra en contacto con otras personas, le ayudará a descubrir dichas limitaciones sociales.

Descubra su poder

El poder más grande que poseemos los seres humanos proviene de tener a un Dios viviente que habita dentro de nuestros corazones. Ese poder universal nos fue dado no sólo para nuestro propio beneficio sino para ayudar al prójimo y cambiar el mundo. El Dios viviente que habita en nuestro corazón lo podemos encontrar por medio de la fuerza del amor. De esa manera podemos acceder nuestro verdadero poder y dar fruto abundante. Esa es la razón por la cual el amor es la enseñanza más grande que nos dio Jesús. El reino de Dios es el reino del amor, por lo tanto, la manera de entrar en el reino de Dios es por medio de aprender a amar incondicionalmente a todos y a todo.

Cuando podemos desarrollar nuestra capacidad de estar despiertos, ser compasivos y amar incondicionalmente con el propósito de servir al mundo, nuestro propio proceso de sanación emocional es acelerado inmensamente. La sanación interna, nos ayuda a poder llevar acabo la voluntad de Dios y Él, a cambio, nos colma de bendiciones en todos los niveles.

La Generosidad

> "Traed todo el diezmo al alfolí, para que haya alimento en mi casa; y ponedme ahora a prueba en esto -dice el Señor de los ejércitos- si no os abriré las ventanas del cielo, y derramaré para vosotros bendición hasta que sobreabunde." Malaquías 3:11
>
> "Todo diezmo del ganado o del rebaño, *o sea,* de todo lo que pasa debajo del cayado, la décima *cabeza* será cosa consagrada al Señor." Levítico 27:32

Hay una contradicción de la mente que no quiere compartir lo que desea conservar, cuando en realidad compartir nos ayuda a que se multiplique lo que estamos compartiendo. La generosidad es una importante expresión de amor hacia nuestro prójimo. Si usted se acostumbra a pensar que el 10% de sus ingresos no son suyos sino de Dios, entonces se le hará más fácil compartir.

Entrar en la experiencia del silencio *compartido* con el resto de la creación, es la verdadera fórmula para poder usar nuestro poder interno y despertar a nuestra verdadera naturaleza de paz interna, abundancia y unidad.

> "Deléitate a ti mismo en el Señor, y Él te concederá las peticiones de tu corazón". Salmo 37:4

Paz. Dinero. Unión.

**Que toda la tierra entera cante la palabra:
paz.**

MINDFUL CONNECTION
INSTITUTE

Un Nuevo Concepto en Desarrollo Personal

Los retos que enfrenta la humanidad requieren una solución urgente que le permita al individuo superar el autosabotaje, despertar a una realidad más balanceada y un entendimiento profundo de sí mismo, de los demás y de la naturaleza. El instituto "Mindful Connection", combina psicología positiva, neurociencias y ciencias contemplativas, para ayudar a las personas a acelerar la evolución personal y sobreponerse ante las barreras emocionales y sociales. En el instituto "Mindful Connection", creemos firmemente que ayudar a las personas a disminuir el sufrimiento y alcanzar una mejor calidad de vida las motiva a explorar su potencial y a contribuir hacia un mundo mejor. Nuestros programas se enfocan en fomentar la felicidad, prosperidad y unidad social. Dichos programas son:

La Ciencia de la Felicidad

Nuestro programa de bienestar emocional le ayuda a las a empezar un camino de crecimiento interno por medio del autoconocimiento y mejores relaciones interpersonales. Los siguientes son algunos de los beneficios:

> ➤ Entender el lenguaje de las emociones y su manifestación a nivel corporal para alcanzar mayores niveles de resiliencia emocional.

> ➤ Autorregulación emocional para calmar el cuerpo y la mente, para así disminuir la reactividad.

> ➤ Aumentar la empatía, compasión y capacidad de diálogo para mejorar las relaciones interpersonales.

¡Sí! Prosperidad

Nuestro programa, "¡Sí! Prosperidad" es una guía para poder cambiar la relación con el dinero por medio de romper creencias limitantes, emociones negativas, experiencias pasadas difíciles y hábitos que afectan la capacidad de alcanzar prosperidad. Algunos de los beneficios:

> ➤ "Mindfulness" para descubrir barreras financieras internas y desarrollar una relación más consciente con el dinero.

- ➤ Principios financieros básicos, aumento de inteligencia emocional y social como clave de la salud económica.

- ➤ Indagación apreciativa para alcanzar metas efectivamente y aumentar la productividad.

- ➤ Apreciar la interconexión social, el pensamiento sistémico, justicia social y consciencia ambiental.

Compasión Integral*

El Entrenamiento de Compasión Integral (ECI) está diseñado para aumentar la inteligencia socioemocional y ética. Los beneficios:
- ➤ Prácticas de autoconocimiento que mejoran la manera en que el individuo se relaciona con su mundo interno por medio del balance emocional, clarificación de valores y autocompasión.

- ➤ Aprender como relacionarse con los demás de una manera constructiva, desarrollando actitudes prosociales como el perdón, la gratitud, imparcialidad, empatía y compasión.

- ➤ Desarrollo de habilidades que promueven la justicia social y el pensamiento sistémico.

*Programa usado por Naciones Unidas (UNESCO) para enseñar inteligencia socioemocional alrededor del mundo.

ACERCA DE NOSOTROS...

El instituto "Mindful Connection" fue cofundado por Carlo y Andrea Monsanto. Carlo es un investigador con experiencia en traducir conocimientos antiguos en soluciones para el mundo moderno. Carlo Monsanto, PhD. tiene más de veinte años de experiencia desarrollando y enseñando su metodología de inteligencia emocional y social. Fue un científico del Instituto Mundial de Exploración Científica. A través de la aplicación de los conceptos enseñados en el instituto "Mindful Connection" muchas personas han podido alcanzar una vida más saludable, feliz y próspera.

Andrea Monsanto, M.A. tiene un grado en ciencias de la Universidad de Stony Brook, estudió en la Escuela de Filosofía Práctica en la ciudad de New York y tiene una maestría en psicología positiva. Andrea es oradora, autora y coach privada. Es facilitadora de ECT por medio de la Universidad Life, Estados Unidos. Por casi dos décadas Andrea ha seguido una práctica de manejo de atención (Mindfulness) y desarrollo de inteligencia socioemocional. Andrea ha ayudado a cientos de personas en su desarrollo personal y profesional.

Ivy Circular 4 # 73-64
Laureles, Medellín
(302) 447 7393
www.mindfulconnectioninstitute.com

ANDREA MONSANTO

Autora-Oradora-Coach

Andrea Monsanto nació en Colombia e inmigró a los Estados Unidos a los 12 años. Estudió bioquímica en la Universidad SUNY de Stony Brook y también estudio en La Escuela de Filosofía Práctica en Nueva York. Tiene una maestría en psicología positiva de la universidad "Life" y es facilitadora del Entrenamiento de Compasión Integral (ECI). Este entrenamiento es usado por las Naciones Unidas para enseñar inteligencia socioemocional y ética alrededor del mundo. Andrea es católica practicante y por casi dos décadas, ha estado comprometida a desarrollar sus propias habilidades de atención plena (mindfulness) y resiliencia emocional. Ella combina conocimientos científicos y enseñanzas del catolicismo para apoyar la aceleración de la evolución humana. Su pasión es guiar a las personas a reducir el sufrimiento, aumentar la felicidad, prosperidad y conexión social.

Andrea es autora, educadora y cofundadora del instituto "Mindful Connection", originado en Princeton, Nueva Jersey. El "Mindful Connection Institute" es un instituto educacional que usa psicología positiva, neurociencias y ciencias contemplativas para enseñar a individuos y grupos practicas efectivas de manejo de atención y regulación emocional. Esto resulta en más bienestar, mejores relaciones interpersonales y un sentido más profundo de la realidad.

Antes de fundar el instituto "Mindful Connection", Andrea trabajó en la industria financiera. Ella ha combinado sus conocimientos de finanzas y bienestar emocional para crear un movimiento holístico de prosperidad, mediante el cual ayuda a las comunidades a alcanzar afluencia y paz interna en un contexto de justicia social. Andrea trabaja de cerca con la iglesia católica para educar a docentes y jóvenes en el desarrollo de inteligencia socioemocional y financiera.

Andrea es parte de la publicación "Quién es Quién Latino". Ha recibido premios como emprendedora social y comunicadora efectiva de Toastmasters International. Ha dado numerosas conferencias y talleres de manejo de atención, resiliencia emocional y bienestar financiero. Andrea ha aparecido en Galavisión, Univisión, Telemundo y CNN Latino.

71

•

www.ingramcontent.com/pod-product-compliance
Lightning Source LLC
Chambersburg PA
CBHW081539040426

42447CB00014B/3428